미국 대통령 시리즈 02
(한국미국사학회 20주년 기념사업)

토머스 제퍼슨

―제3대 대통령―

토머스 제퍼슨 —제3대 대통령—

초판 1쇄 발생 2011년 8월 10일

지은이_정경희
펴낸이_윤관백
편 집_이경남 · 김민희 · 하초롱 · 소성순 · 주명규 · 김현진 ┃ **표지**_김현진 ┃ **제작**_김지학 ┃ **영업**_이주하
펴낸곳_도서출판 선인 ┃ **인 쇄**_대덕문화사 ┃ **제 본**_바다제책
등 록_제5-77호.(1988.11.4)
주 소_서울시 마포구 마포동 324-1 꽃마루 B/D 1층
전 화_02)718-6252/6257 ┃ **팩 스**_02)718-6253 ┃ E-mail_sunin72@chol.com
정 가_12,000원

ISBN 978-89-5933-462-9 (세트)
       978-89-5933-464-3 04990

■ 저자와의 협의에 의해 인지 생략.
■ 잘못된 책은 바꾸어 드립니다.

미국 대통령 시리즈 02
(한국미국사학회 20주년 기념사업)

토머스 제퍼슨
-제3대 대통령-

정경희

선인

총괄 편집자의 글

 2010년은 한국에서 미국사를 연구하고 가르치고 그리고 배우는 사람들에게 두 가지 면에서 참으로 뜻 깊은 해이다.
 첫째는 미국사를 연구하고 가르치는 사람들의 모임인 '한국미국사학회'가 창립된 지 20주년이 되는 해이며, 둘째는 위대한 대통령인 에이브러햄 링컨의 탄생 200주년이 되는 해이다.
 이러한 해! 우리나라에서 미국사의 선구자인 이보형 교수를 비롯한 여러 교수와 연구자들은 한국미국사학회가 2010년을 기념할 만한 어떤 일을 해야 한다는 데 의견을 모았다. 이에 당시 학회 집행부는 회장이었던 강원대의 권오신 교수를 중심으로 수차례의 회의와 선배 교수, 학자들의 많은 조언을 통해 미국 대통령 시리즈를 발간하기로 의견을 모았다. 이는 미국사에서 대통령이 차지하는 비중이 대단히 중요하여 우리나라에서도 미국 대통령들을 본격적으로 연구해야 한다는 이유와 더불어 에이브러햄 링컨의 탄생 200주년도 함께 기념하는 작업이라는 점에서 의미가 있는 일이다.

이에 학회는 미국 대통령 43명 중 일반적으로 1위에서 10위까지 평가를 받고 있는 대통령 10명을 먼저 선정하였다. 조지 워싱턴, 토머스 제퍼슨, 앤드류 잭슨, 에이브러햄 링컨, 시어도어 루스벨트, 우드로 윌슨, 프랭클린 루스벨트, 해리 트루먼, 존 F. 케네디, 로널드 레이건이다.

선정된 10명의 대통령을 누가 연구할 것인가? 학회는 먼저 우리나라에서 미국사를 연구하고 있는 연구자들을 대상으로 집필 신청을 받고 그 신청자의 연구논문, 책, 칼럼, 그리고 관심도를 토대로 집필자를 선정하였다. 워싱턴-김형곤 교수(건양대), 제퍼슨-정경희 학사지도교수(연세대), 잭슨-양홍석 교수(동국대), 링컨-양재열 교수(영남대), 시어도어 루스벨트-최정수 교수(고려대), 윌슨-권오신 교수(강원대), 프랭클린 루스벨트-김진희 교수(경희사이버대), 트루먼-김정배 교수(신라대), 케네디-장준갑 교수(전북대), 레이건-김남균 교수(평택대)이다.

집필진들은 전문적인 연구서를 지양하고 그렇다고 지나치게 대중적이지 않은 정도의 전문적이면서도 대중적인 방향으로 연구방향을 정했다. 가능한 이해하기 어려운 용어와 개념 사용을 보다 쉬운 용어와 문장으로 책을 만들어 많은 사람들이 미국 대통령 시리즈를 읽을 수 있도록 했다.

각각의 연구자들이 나름의 연구 틀을 가지고 있지만 대통령 시리즈인 만큼 가능한 일관성 있는 연구 틀을 유지하고자 했다. 해당 대통령의 역사적 위상, 성장과정, 대통령이 되기 전의 업적, 대통령으로서의 업적, 리더십과 평가 등을 핵심 틀로 삼기로 했다.

우리나라의 출판업계는 늘 한겨울인 것 같다. 매일 수많은 책이 출판되어 나오지만 몇몇 사회적 이슈가 되는 대중적인 서적을 제외한 대부분의 책들은 주인을 만나지 못하고 서점이나 출판사 서고에 그대로 남아 있는 실정이다. 출판업계의 이러한 어려운 사정에도 불구하고 선뜻 학회의 뜻을 받들어 기꺼이 출판을 담당해 준 도서출판 선인의 윤관백 사장에게 심심한 감사를 표한다. 모쪼록 이 대통령 시리즈가 소위 '대박'이 나 선인도 성장하고 이를 집필한 집필자는 물론 미국사를 연구하고 공부하는 모든 사람들이 발전하는 계기가 마련되기를 간절히 바란다.

시리즈 기획 편집 책임
김 형 곤

머리말

"토머스 제퍼슨의 불멸성은 그의 어떤 업적에 있는 것이 아니라, 인류를 향한 그의 태도에 있다."
―우드로 윌슨 대통령(1916)

토머스 제퍼슨은 미국의 '건국의 아버지들' 가운데 한 사람으로, 그 유명한 「독립선언서」를 기초했으며, 제3대 미국 대통령(재임 1801.3.4~1809.3.3)을 지낸 인물이다.

제퍼슨이 얼마나 다재다능한 인물이었는지는 그를 가리키는 다음과 같은 호칭만으로도 알 수 있다 : 원예가, 법률가, 건축가, 과학자, 고고학자, 고생물학자, 작가, 발명가, 농장주, 외교관, 음악가, 버지니아대학교 창립자.

저명한 제퍼슨 연구가인 더머스 말론은 여기다가 정치가, "자유와 계몽사상의 사도(使徒)"라는 호칭을 덧붙였을 만큼 제퍼슨은 다재다능했다.

제퍼슨은 그가 지닌 폭넓은 지식과 교양 및 재능으로 인해 벤저민 프랭클린과 더불어 18세기 미국 최대의 르네상

스식 인간으로 평가되고 있다. 제퍼슨은 프랭클린과 함께, 미국 역사의 저명한 인물 그 누구보다도 다양한 방면에 관심을 두고 업적을 성취해낸 가장 지적이고 창조적인 사람이었다는 것이다.

하지만 제퍼슨에 대한 이러한 긍정적인 평가는 그에 대한 평가의 일부에 지나지 않는다. 사실 제퍼슨은 미국 역사상 가장 그 평판을 종잡기 어려운 인물이다. 많은 사람들이 제퍼슨을 예찬하지만 또 다른 많은 사람들은 그를 극도로 비난하고 나서기 때문이다. 그런데 제퍼슨에 대한 이러한 상반된 평가는 그가 살아있을 때에 이미 시작되었다. 그리고 그러한 평판의 널뛰기는 오늘날까지 200년이 넘게 계속되고 있다.

제퍼슨에 대한 비난은 그가 모순된 인물이라는 점으로 집약된다. 제퍼슨이 원칙은 지녔을지 모르지만, 그 원칙을 포기하는 기회주의적 행태를 보인 위선자였다는 것이다. 제퍼슨의 모순 가운데 대표적인 예를 몇 가지 들어보자.

-제퍼슨은 "모든 사람은 평등하게 태어났다"는 구절로 유명한 「독립선언서」를 기초한 장본인이지만, 죽을 때까지 자신의 노예에 둘러싸여 있었다. 심지어 말년에 미주리의 연방 가입 문제가 불거졌을 때는 남서부로 노예제가 확대

되어야 한다고 주장하기도 했다.

- 제퍼슨은 해밀턴의 재정정책에 반대할 때는 헌법의 엄격한 해석을 주장했지만, 대통령이 되고 나서 루이지애나를 매입할 때는 헌법을 광의(廣義)로 해석했다.

- 제퍼슨은 일찍이 삼권분립을 주장했지만 대통령으로 재임할 때는 의회의 탄핵권을 발동시켜 연방파의 보루인 사법부를 견제하도록 하는 등, 삼권분립의 원칙에 어긋나는 행동을 했다.

- 제퍼슨은 자유로운 정부는 권력이 거의 없으며, 보통 시민이 쉽게 정부에 참여할 수 있는 작은 정부라고 주장했지만, 유례를 찾기 어려울 만큼 강력한 출항금지법을 통해서 오히려 연방의 권력을 확대했다.

- 제퍼슨은 "우리의 자유는 언론의 자유에 달려있다"면서 언론은 언제나 자유로워야 한다고 주장했다. 심지어 '신문이 없는 정부'와 '정부가 없는 신문' 중에서 골라야 한다면 자신은 잠시도 주저하지 않고 '정부가 없는 신문'을 고르겠노라고 공언했다. 하지만 대통령 임기가 끝날 즈음에는, 거짓 보도를 일삼는 언론을 놔두느니 차라리 억압하는 게 공익을 위해서는 더 나을 것이라는 요지의 글을 쓰기도 했다.

제퍼슨의 모순된 행태 중에서도 가장 최악은 1998년 사실로 밝혀진 흑인노예 샐리 헤밍스와의 스캔들이다. 그 스캔들은 제퍼슨이 대통령이던 1802년에 처음 제기된 것으로, 제퍼슨이 자신의 여자 노예인 샐리 헤밍스와의 사이에 여러 명의 사생아를 두고 있다는 의혹이었다. 헤밍스 스캔들을 둘러싼 논란은 200년 가까이 계속되다가 1998년에 유전자검사가 이루어졌다. DNA분석 결과 샐리 헤밍스의 후손들은 제퍼슨 집안의 유전자를 가진 것으로 판명되었다. 제퍼슨이 노예를 임신시켜서 자신의 혈육을 노예로 길렀다는 의혹이 사실로 드러난 것이다.

이 같은 수많은 모순에도 불구하고, 여전히 많은 학자들은 제퍼슨을 이해하려고 노력한다. 또한 그의 모순된 행동이 어디에서 비롯된 것인지를 설명하려고 노력한다. 제퍼슨이 인간적 결함을 지니고 있는 것은 사실이지만, 그 결함을 뛰어넘는 근본적 신념을 지닌 인물이라고 평가하기 때문이다. 이들에 따르면 제퍼슨의 모순된 행동은 그가 이상과 현실 사이에서 고민하고 갈등하는 현실정치가라는 사실에서 비롯되었다는 것이다. 뛰어난 미국혁명사가인 버나드 베일린은 제퍼슨이 대통령으로서 국가가 당면한 수많은 현실적인 문제를 해결하려고 애쓰면서도, 동시에 미국혁명의 이상을 실현하겠다는 꿈을 포기하지 못했다고 설명한다.

여기서 제퍼슨의 모든 문제가 생겨났다는 것이다. 정치학자 토머스 베일리도 제퍼슨이 이론적으로는 철학자인 동시에, 위엄 있는 책임감으로 무장하고 현실과 이상 사이에서 선택해야만 하는 실제적인 정치가이기도 했다고 지적했는데, 대통령으로서의 제퍼슨을 묘사하는 데 이보다 더 적절한 설명은 없을 것이다. 문자 그대로 제퍼슨은 정치가가 되기에는 너무 철학적이었으며, 뛰어난 철학자가 되기에는 너무 정치적인 인물이었던 셈이다.

더욱이 제퍼슨은 자신이 처한 상황이 바뀔 때마다 입장을 계속 바꾸었다. 제퍼슨이 연방파와 대립하면서 야당 정치인 역할을 했을 때에, 대통령이라는 최고의 현실정치가의 자리에 있었을 때에, 그리고 다시 야인으로 돌아갔을 때에 취한 입장이 제각기 다를 뿐 아니라 때로는 상반되기까지 했다. 정치적 국면이 바뀌면서 제퍼슨의 정치적 입장도 따라서 바뀌었으리라는 것을 감안한다 해도, 그 차이가 너무 극적이다. 오죽하면 말론이 제퍼슨을 가리켜, "위대한 미국인 가운데 가장 수수께끼 같은 인물"이라고 했겠는가.

이 책은 이처럼 미국인 가운데 가장 수수께끼 같은 인물인 제퍼슨을 이해해보려는 시도이다. 워낙 이해하기가 쉽지 않은 인물인 만큼 이 책에서는 아무런 선입견 없이 있는 그대로의 제퍼슨을 보여주려고 노력했다. 1998년에 헤밍스 후손의 DNA검사 결과가 나온 후, 일부 학자들 사이에서는 제퍼슨도 인간이었다는 반응이 나왔다고 한다. 19세기 역사가들처럼 '건국의 아버지들'을 '반신'(半神, demigod)으로 추앙하는 것은 결코 아니지만, 그들을 있는 그대로의 인간으로 받아들이는 것 또한 쉬운 일은 아니다. 그렇더라도 우리는 있는 그대로의 제퍼슨을 받아들이려고 노력해야 한다. 한 역사가의 표현대로 제퍼슨은 벽에 걸려있는 초상화처럼 정적(靜的)인 인물이 아니라, 살아있으며 성장하고 변화하는 인간이었다.

그처럼 변화하는 인간이 제퍼슨이었지만 그에게도 평생토록 변하지 않은 것이 한 가지 있었다. 그것은 그가 인간의 자유에 대해 끊임없이 외쳤다는 것이다. 외침을 실천에 옮겼는가 여부를 별개의 문제로 한다면, 역사상 제퍼슨만큼 인간의 자유를 평생 동안 외친 사람도 찾아보기 힘들 것이다. 그는 「독립선언서」에서 자연권을 찬양한 이래로 인간의 자유를 끊임없이 찬미했다. 제퍼슨은 국왕이나 성직자가 지니고 있는 절대적인 권력으로부터의 자유뿐 아니라 전통이나 관습과 같은 무형의 존재로부터의 자유까지도 주장했다는 점에서 문자 그대로 '자유의 사도'였다.

이 책에서 또 하나 공을 들인 것은 제퍼슨이 살았던 시대를 생동감 있게 묘사하는 것이었다. 말론은 1948년부터

1981년까지 30년이 넘는 오랜 시간에 걸쳐 모두 여섯 권의 제퍼슨 연구 총서를 펴냈고, 그 가운데 제5권으로 영예의 퓰리처상을 수상했다. 그런데 이 연구 총서의 제목은 『제퍼슨과 그의 시대(Jefferson and His Times)』이다. 제퍼슨을 올바로 이해하려면 그가 살았던 시대를 폭넓게, 그러면서도 깊이 있게 이해해야 한다는 의미가 담긴 제목이 아닐까 싶다. 이 책에서도 제퍼슨이 살았던 시대를 생동감 있게 그려내기 위해서 제퍼슨뿐 아니라 수많은 동시대인들을 조금이라도 더 구체적으로 묘사하려고 노력했다.

따라서 이 책에서 그리는 제퍼슨의 이야기는 제퍼슨 한 사람만의 이야기가 아님은 물론이다. 거기에는 조지 워싱턴, 알렉산더 해밀턴, 존 애덤스, 제임스 매디슨 등 미국의 '건국의 아버지들' 거의 모두가 주연으로 등장한다. 대법원장 존 마셜, 흑인 여자 노예 샐리 헤밍스, 프랑스의 황제 나폴레옹, 인디언 추장 테컴서 등 조연진도 주연 못지않은 인물들이다. 또한 거기에는 증오와 대립, 음모와 배신, 치정과 결투, 나아가 반란과 혁명과 전쟁이 뒤엉켜 있다. 이 한 편의 대하드라마를 통해서 위대한 미국인 가운데 가장 수수께끼 같은 인물, 제퍼슨을 조금이라도 더 깊이, 그리고 더 올바르게 이해해보고자 했다.

제퍼슨도 난해한 인물이지만 그가 살았던 혁명의 시대는

더더욱 난해했다. 그런 까닭에 혼자서 이 작업을 했다면 역부족을 절감하고 곧장 글쓰기를 접었을 것이다. 하지만 미국 대통령 시리즈 가운데 하나라는 이 책의 성격상 결코 그럴 수가 없었고, 결국은 부끄러움을 무릅쓰고 책을 펴내게 되었다. 이 책이 그나마 빛을 볼 수 있었던 것은 한국미국사학회 창립 20주년을 기념하여 미국 대통령 시리즈를 기획한 전임 회장단의 노력이 있었기 때문이다. 이 자리를 빌려 한국미국사학회를 창립하신 이보형 선생님을 비롯해서 전임 회장단 여러분께 깊은 감사의 말씀을 전한다.

2011년 6월
정 경 희

차례

5 총괄 편집자의 글

9 머리말

19 1장 **혁명가 제퍼슨**

65 2장 **정치가 제퍼슨**

127 3장 **대통령 제퍼슨**

211 4장 **몬티셀로의 현인(賢人)**

249 연보

257 미국 대통령 시리즈 발간에 붙여

260 저자소개

혁명가 제퍼슨 1장

혁명가 제퍼슨

1. 변호사가 된 변방의 소년

토머스 제퍼슨(Thomas Jefferson)은 1743년 4월 13일, 버지니아의 알버말 군(Albemarle County)에서 출생했다. 당시에 섀드웰(Shadwell)이라고 불렸던 그 지역은 영국이 지배하는 아메리카 식민지 13개 가운데 하나인 버지니아 식민지의 서부 정착지였다. 말하자면 제퍼슨은 당시 새로 개척되고 있던 버지니아 서부의 변방, 즉 프론티어에서 태어난 셈이다. 토머스의 아버지 피터 제퍼슨(Peter Jefferson, 1708~1757)은 제대로 된 교육은 받지 못했지만 자수성가한 사람이었다. 측량사인 그는 선배측량사와 함께 버지니아와 노스캐롤라이나의 경계선을 완성시켰으며, 처음으로 정확한 버지니아의 지도를 만들기도 했다. 피터는 점차 땅을 사들여 농장주가 되었으며, 군수, 치안판사 등을 지냈다. 이처럼 제퍼슨의 부계는 결코 귀족적이지도 부유하지도 않았으나,

어머니는 버지니아의 가장 저명한 가문 가운데 하나인 랜돌프(Randolph) 집안 출신이었다. 제퍼슨의 어머니 제인 랜돌프(Jane Randolph, 1721~1776)는 농장주이자 선주인 이스암 랜돌프(Isham Randolph)의 딸이었다. 토머스는 그들 부부의 여덟 명의 아이 중 셋째였으며, 아들로는 맏이였다.

제퍼슨은 아홉 살이던 1752년에 스코틀랜드 출신 목사인 윌리엄 더글러스(William Douglas)가 운영하던 학교에 입학해 라틴어, 그리스어 및 프랑스어를 공부하기 시작했다. 그가 겨우 열네 살이던 1757년에 아버지가 돌아가셨다. 그는 아버지로부터 약 오천 에이커의 토지와 수십 명의 노예를 상속 받았고, 그 지역에서의 확고한 지위까지 물려받았다. 더불어 제퍼슨은 아버지로부터 탐구에 대한 열정, 프런티어에 대한 애정, 과학을 좋아하는 것 등을 물려받았다.[1]

1) 이 책에서는 제퍼슨 및 그의 시대 전반에 대한 기본적 역사적 사실에 대해서 전거라는 특성상, 이견(異見)이 존재하거나 쟁점의 소지가 있지 않은 한, 대부분 주석을 생략하였다. 이 책에서 참고한 주요 전기, 개설서, 백과사전으로는 Dumas Malone, *Thomas Jefferson: A Brief Biography*, American Council of Learned Societies, 1933, 1986 (이하 Malone, *TJ*로 약함) ; 이보형, 『미국사 개설』, 일조각, 2005 ; Alan Brinkley, *The Unfinished Nation*, McGraw-Hill Companies, Inc., 2004, 황혜성 외 옮김, 『있는 그대로의 미국사 1 : 다양한 시작―식민지 시기부터 남북전쟁까지』, 휴머니스트, 2005. (이하 Brinkley로 약함) ; *Encyclopedia of the U. S. Constitution*, Facts On File, Inc.: New York, 2009 ed. by David Schultz, (이하 *EC*로 약함) ; *Encyclopedia of the American Revolution*, Stackpole Books: Mechanicsburg, PA, 1994 ed. by Mark M. Boatner, (이하 *EAR*로 약함) 등이 있다.

아버지가 돌아가신 이듬해인 1758년부터 제퍼슨은 목사인 제임스 모리(James Maury)의 집에서 하숙하며 고전교육을 받았고, 이때 역사와 과학도 함께 공부했다. 1760년 3월, 제퍼슨은 윌리엄 앤드 메리 대학(College of William and Mary)에 입학해 수학하게 된다. 당시 제퍼슨은 주로 수학교수인 윌리엄 스몰(William Small)로부터 지적인 자극을 받은 것으로 알려져 있다. 그는 스몰 교수로부터 수학뿐 아니라, 프랜시스 베이컨, 존 로크, 아이작 뉴턴의 이론 등 철학까지 수학했다. 또한 프랑스어와 그리스어를 배우고, 바이올린을 연주하고, 타키투스와 호메로스의 저술을 독파하는 등 하루 15시간씩 학업에 매진하면서 2년을 보냈다. 그리하여 1762년에 윌리엄 앤드 메리 대학을 수석으로 졸업했다.

제퍼슨은 키가 크고 연한 갈색 머리에다가 얼굴에는 주근깨가 많은 청년으로, 외모가 그리 매력적이지는 않았다. 하지만 그는 말을 잘 타고 바이올린도 잘 켜서 버지니아 식민지 사회에서는 유쾌한 친구로 통했다. 그러던 그가 얼마 안 가 매사에 진지해지면서 담배도 피우지 않고, 카드놀이나 도박에는 손도 대지 않고, 개인적인 다툼에도 절대 휘말리지 않았다. 제퍼슨은 공직자로 유명해지기 전에 이미 스스로 엄격한 행동 수칙을 정해 놓고 있었으며, 그 누구보다 열심히 학업에 몰두했던 것이다. 제퍼슨이 그처럼 진지해진 데는 레베카 버웰(Rebecca Burwell)과의 연애의 결말이 좋지 못했다는 게 크게 작용했다. 그런데 그것은 연애라기보다는 제퍼슨의 짝사랑이었다.[2]

2) 제퍼슨의 연애에 관해서는 Fawn M. Brodie, *Thomas Jefferson: An Intimate History*, New York, 1974, pp. 63-68 참조.

스몰 교수는 당시 버지니아에서 가장 저명한 법학 선생

인 조지 위드(George Wythe, 1726~1806)를 제퍼슨에게 소개해주었다. 대학을 졸업한 후에 제퍼슨은 위드 아래서 법학을 배웠다. 위드는 버지니아에서 가장 존경받는 변호사 가운데 한 사람으로 서양고전학자이기도 했다. 당시 35세이던 위드는 19세의 제퍼슨을 제자로 받아들여 5년간 교육시켰다. 제퍼슨의 전기를 쓴 학자들은 제퍼슨이 위드에게서 1762년부터 1767년까지 5년간이나 교육을 받았다는 사실에 놀라워한다. 당시에 법학을 2년 이상 공부한 사람이 거의 없기 때문이다. 아마도 제퍼슨은 위드 아래에서 법학뿐 아니라 고전, 영국문학, 정치철학 분야의 책들을 수년간 읽고 싶은 대로 마음껏 읽었던 것 같다. 따라서 제퍼슨은 위드에게서 변호사 수업을 받았다기보다는 위인 수업을 받았다고 보아야 할 것이다. 위드는 도서 수집가이기도 했는데, 제퍼슨도 그의 영향을 받아 도서를 수집하기 시작했고 수집한 도서를 부지런히 읽었다. 이때에 제퍼슨이 읽은 책은 어림잡아 수천 권에 달한다. 이처럼 위드는 제퍼슨이 평생 지니게 될, 책에 대한 열정을 불러일으켰다.[3]

[3] 제퍼슨을 몹시 아꼈던 위드는 유언장에서 자신의 장서를 제퍼슨이 물려받도록 했다. Brodie, *Thomas Jefferson: An Intimate History*, pp. 59-60.

제퍼슨은 마침내 1767년에 변호사가 되어 버지니아 법정에서 변호사로서 처음으로 변론을 했고, 위드에게서 변호 실력을 인정받았다. 제퍼슨은 목소리가 작은데다 웅변에도 그리 능하지는 못했지만 변호사 개업은 매우 성공적이었다. 1774년에 변호사 업무를 그만둘 때까지 그는 수많은 소송을 맡아 변호했는데, 그의 의뢰인 가운데는 버지니아의 명문가들이 많이 있었다. 이 시기에 제퍼슨이 변호사로 활동하면서 받은 법률적 훈련은 이후 정치가로서의 그의 경력에 커다란 영향을 미치게 된다.

변호사로 활동하던 1772년 1월 1일, 29세의 제퍼슨은 24세의 과부 마사 웨일스(Martha Wayles)와 결혼했다. 마사는 이미 다른 남자와 결혼했다가 아들 하나를 얻고 과부가 되었는데, 그 아들마저 죽은 후에 제퍼슨과 재혼한 것이다. 1770년에 고향집이 불에 타자 제퍼슨은 근처에 새로운 건물을 짓고 이를 몬티셀로(Monticello)라고 이름 붙였다. 제퍼슨과 마사의 신혼은 이 몬티셀로에서 시작되었다. 아내 마사는 아름다웠고, 제퍼슨은 그녀에게 헌신적이었다. 제퍼슨과 마사는 1782년에 마사가 사망할 때까지 10년간의 결혼생활 동안 모두 여섯 자녀를 두었는데, 그 가운데 넷은 어려서 죽었고, 성인으로 자라난 사람은 큰딸 마사(Martha)와 셋째 딸 메리(Mary)뿐이었다.

마사와 결혼한 지 얼마 안 되어 제퍼슨은 마사의 아버지로부터 마사 몫의 토지를 상속 받았는데, 그 크기는 제퍼슨이 소유한 토지만 했다. 하지만 그 토지로 인해 제퍼슨은 큰 부채를 지게 되었고, 그 여파에서 결코 벗어나지 못했다. 제퍼슨은 성인이 된 이후 대부분의 시간 동안, 약 1만 에이커의 토지와 200명 정도의 노예를 소유한 농장주였다. 그는 정기적으로 자신의 농장과 관련된 모든 것, 즉 노예, 가축, 나무, 몬티셀로의 기온 등을 자신의 농장일지(farm book)에 꼼꼼하게 기록해두었다.

2. 미국혁명과 제퍼슨

1769년 5월, 변호사로 활동하던 제퍼슨은 식민지 버지니아의 의회(House of Burgesses) 의원으로 선출되면서 정계에 발을 들여놓게 된다. 그리고 몇 년이 지나지 않아 독립혁명가의 대열에 합류하게 된다. 하지만 존 애덤스(John Adams)나 제임스 매디슨(James Madison) 같은 동시대의 다른 혁명가들과는 달리, 제퍼슨이 어떻게 해서 독립에 대한 신념을 가지게 되었는지는 그다지 명확하지 않다.[4]

4) Merrill D. Peterson, *Thomas Jefferson and the New Nation*, New York, 1970, pp. 45, 28.

제퍼슨이 26세의 나이로 정계에 진출한 첫해에 시도한 것은 노예해방에 관한 것이었다. 이는 훗날 '자유의 사도'라고 불리게 될 제퍼슨의 면모를 일찍감치 드러내 보이는 의미심장한 것이다. 제퍼슨은 훗날, 자신이 1769년의 첫 회기에 선배 의원인 리처드 블랜드(Richard Bland)와 더불어 노예해방의 허용을 위해 노력했으나 부결되고 말았다고 자서전에서 기록하고 있다.[5] 이에 관한 공식적인 기록은 남아있지 않으나, 이때 블랜드와 제퍼슨이 공동으로 제출했던 의안은 아마도 버지니아 식민지의 개인적인 노예해방을 허용하는 것이었을 것이다. 같은 시기에 조지아 식민지와 노스캐롤라이나 식민지에서는 노예소유주가 노예를 자유로이 해방시키고 그 사실을 법정에 등록하기만 하면 되었던 데 비해 버지니아의 법률은 공적(功績)이 있는 노예에 한해서만 해방을 허용하였던 것이다. 따라서 제퍼슨은 노예소유주가 자유롭게 자신의 노예를 해방할 권리가 모든 버지니아인에게 부여되기를 원했던 것 같다.[6] 하지만 이러한 제퍼슨의 반노예제 행동은 실패로 끝나고 말았다.[7]

이후 제퍼슨은 1774년에 버지니아 총독 던모어(Dunmore) 백작에 의해 버지니아 의회가 해산될 때까지 줄곧 의원으로 활동했다. 버지니아 의원 시절, 그는 위원회 활동에 주력했는데 이는 그가 연설을 잘하는 사람이 결코 아니었기 때문이다. 위원회에서 제퍼슨은 문서를 기초하는 데 뛰어난 재능을 보였다. 이내 그는 의안을 기초하는 사람으로 알려지게 되었다.

1773년 12월, 보스턴 차 사건(Boston Tea Party Riot)이 일

---

[5] Dumas Malone, *Autobiography of Thomas Jefferson*, New York, 1943, p. 21.

[6] John C. Miller, *The Wolf by the Ears: Thomas Jefferson and Slavery*, New York, 1977, p. 5.

[7] 개인적인 노예해방을 허용하는 법률이 버지니아에서 제정된 것은 아메리카가 독립한 이후인 1782년에 이르러서였다.

어났다. 모국인 영국과 식민지 아메리카는 1760년대부터 영국이 중상주의 정책을 강화하면서 점차 그 사이가 악화되고 있었다. 영국정부가 제정한 설탕세법, 인지세법, 타운센드법에 대한 반대운동을 통해서 식민지의 반영투쟁은 점차 조직화되어 갔다. 1773년 5월에 새로운 차세법(茶稅法)이 제정되자 이에 반발한 식민지인들이 인디언으로 변장하고 보스턴항에 정박 중인 동인도회사의 차 수송선을 습격하여 차를 바다 속에 던져버렸는데, 이를 보스턴 차 사건이라고 부른다. 드디어 아메리카 혁명의 막이 오른 것이다. 영국정부는 식민지에 보복하기 위해, 이듬해인 1774년 3월부터 6월 사이에 영국의회에서 일련의 탄압법(Coercive Acts)을 통과시켰다. 보스턴항구 폐쇄법, 병참법 등을 포함하는 이 법은 아메리카 식민지에서는 '참을 수 없는 법(Intolerable Acts)'으로 불렸다.

영국이 매사추세츠 식민지에 대해 징벌적인 조치를 취하자 버지니아는 다른 식민지와 마찬가지로 이 탄압법을 13개 식민지 전체에 해당하는 것으로 받아들였다. 버지니아 의회는 매사추세츠에 대한 지지의 표현으로 보스턴항구 폐쇄법이 시행되는 첫날인 1774년 6월 1일 하루를 금식 및 기도일로 정하는 결의안을 통과시켰다. 제퍼슨은 그 결의안을 주창한 사람들 가운데 하나였다. 사실 제퍼슨은 처음부터

의회 내에서 공격적인 반영(反英) 집단으로 인식되었다.[8]

영국 국왕이 임명한 총독의 지배를 받고 있는 식민지인 버지니아의 의회는 이 결의안 때문에 총독 던모어 백작에 의해 해산되고 말았다.

의회가 해산되자 버지니아 식민지는 별도로 민의의 대의기관인 협의회(convention)를 조직하여 긴급사태에 대응하였다. 버지니아 협의회는 이후 1776년에 독립적인 버지니아 공화국이 수립될 때까지 여러 차례 소집되어 미국 혁명기에 임시정부 역할을 했다.[9] 1774년 8월 1일에는 제1차 버지니아 협의회가 개최될 예정이었다. 제퍼슨은 몸이 아파서 버지니아 협의회에 출석할 수 없게 되자 영국 의회가 통과시킨 탄압법에 대한 대책을 문서로 작성해 협의회로 보냈다. 이 문서에서 나타난 제퍼슨의 관점은 당시로서는 너무 앞서 나간 것으로 여겨졌기 때문에 협의회에서는 채택되지 않았다. 나중에 이 문서는 「영국령 아메리카의 권리에 관한 소고(A Summary View of the Rights of British America)」라는 제목의 팸플릿으로 출간되었다. 이 팸플릿은 미국혁명에 대한 제퍼슨의 기여 가운데 「독립선언서」에 버금가는 위대한 것으로 평가받고 있다.

이 팸플릿에서 제퍼슨은 영국헌법에 대한 견해를 개진한다. 그는 선배 의원인 리처드 블랜드의 견해를 토대로 모든

---

[8] 제퍼슨은 버지니아 연락위원회(Committee of Correspondence) 구성 결의안을 기초한 사람 가운데 하나이기도 하다. Malone, 77, p. 13.

[9] 버지니아 협의회는 1774년 8월부터 1776년 5월까지 다섯 차례 소집되었다.

사람에게는 이민을 갈 자연권이 있으며, 버지니아는 이민자들 자신의 노력과 돈으로 세워졌다고 주장한다. 데인족(Danes)과 색슨족(Saxons)이 영국으로 이주했어도 영국에 대한 어떠한 권한도 그들의 모국에 주지 않은 것과 마찬가지로, 우리가 아메리카로 이주했어도 우리들에 대해서 영국은 아무런 권리가 없다. 즉 영국 의회는 영국만의 의회이며, 식민지의 입법권을 행사할 수 있는 자격이 없다는 것이다. 여기에서 제퍼슨이 주장하고 있는 것은 식민지인들은 모두 자연권이 있으며 스스로 다스릴 수 있다는 급진적 생각이었다. 또한 이 팸플릿은 일찍이 모국인 영국이 식민지를 보호해주었다는 사실을 무시한다. 그러고는 영국이 식민지인에게 준 도움이라고는 상업적 혜택뿐이며, 그것은 무역특혜로 영국에 되갚을 수 있다고 주장한다.

나아가 제퍼슨은 만일 영국 국왕 조지 3세가 버지니아인들이 그에게 맡긴 역할을 다하지 않는다면 버지니아인들은 그 자리를 다른 누군가로 마땅히 갈아치울 수 있다고 주장한다. 간단히 말해서 버지니아는 국제체제 내에서 영국과 동등하다는 것이다.[10] 제퍼슨은 이 팸플릿에서 다른 팸플릿처럼 영국 국왕이 잘못한 것에 대해 왕의 각료들을 비난하는 간접적인 방식을 결코 쓰지 않았다. 또한 영국 국왕

10) 리처드 블랜드(Richard Bland)가 『영국령 아메리카의 권리에 관한 소고』와 「독립선언서」에 미친 영향에 대해서는 Kevin R. C. Gutzman의 논문, "Jefferson's Draft DECLARATION OF INDEPENDENCE, Richard Bland, and the Revolutionary Legacy: Giving Credit Where Credit Is Due", *Journal of the Historical Society* 1, 2001 참조.

에 대한 충성이라는, 본국과 식민지 아메리카 사이의 공통된 뿌리를 잘라버렸던 것이다.

이 팸플릿은 널리 읽혔다. 심지어 영국에서도 이 팸플릿은 약간 수정된 뒤에 야당에 의해 널리 유포되었다.[11] 대다수의 사람들은 영국 국왕에 대한 이러한 직접적인 공격이 당시로서는 너무 급진적이라고 여겼다. 하지만 이 팸플릿으로 제퍼슨은 미국혁명의 지도자의 반열에 올랐으며, 「독립선언서」를 기초하는 영예를 누릴 수 있었다.

11) 아마도 에드먼드 버크(Edmund Burke)에 의해 수정되었을 것이다. *EAR*, p. 554.

「독립선언서」의 기초(起草)

아메리카 식민지인들은 탄압법이 단순히 매사추세츠에만 적용되는 것이 아니고 식민지 전체에 적용되는 것으로 받아들였다. 그리하여 1774년 9월, 영국의 보복에 대한 대책을 강구하기 위해 조지아를 제외한 12개 식민지의 대표가 필라델피아에 모였는데, 이것이 제1차 대륙회의(Continental Congress)다. 대륙회의에서는 영국의회의 식민지에 대한 모든 입법은 식민지인의 권리에 대한 침해라는 것을 다시 한 번 밝히고, 영국이 탄압법을 철회하지 않으면 이듬해 5월에 다시 대륙회의를 소집하기로 하고 해산했다.

이에 대해 영국의회에서는 아메리카 식민지에 대한 강경

론과 화해론을 두고 불꽃 튀는 논쟁이 일어났다. 마침내 강경론이 승리하여 영국정부와 여당은 식민지에 대해 강경책을 쓰기로 결정했다. 이러한 상황에서 1775년 4월 19일 새벽, 영국군과 매사추세츠 민병대가 렉싱턴(Lexington)과 콩코드(Concord)에서 충돌하면서 미국 독립전쟁의 막이 올랐다. 식민지와 영국이 교전상태에 들어가자 예정대로 1775년 5월에 개최된 제2차 대륙회의는 뉴잉글랜드 민병대와 그 밖의 식민지에서 징집한 군대를 대륙연합군(Continental Army)으로 조직하고, 버지니아 출신의 조지 워싱턴(George Washington)을 총사령관에 임명했다.

1775년 3월에 개최된 제2차 버지니아 협의회에서 제퍼슨은 제2차 대륙회의 대표로 선출되어 그해 6월부터 여름과 가을 내내, 대륙회의에 참석했다. 대륙회의에서 제퍼슨은 몇몇 문서를 기초했는데, 논조가 너무 반(反)영국적이라는 이유로 받아들여지지 않았다. 왜냐하면 이때는 영국과 식민지가 화해할지도 모른다는 희망이 아직 남아있었기 때문이다.[12]

12) Malone, *TJ*, p. 14.

제퍼슨은 그해 12월 말부터 이듬해 5월까지 반년 가까이 대륙회의에 불참하고 고향인 버지니아로 돌아가 있었는데, 여기에는 개인적인 이유와 공적인 이유, 두 가지가 다 있었던 것 같다. 개인적으로는 어머니가 편찮으셔서 제퍼슨이 고향으로 간 듯하다. 제퍼슨의 어머니는 결국 이듬해 3월에 돌아가셨다. 공적인 이유는 그가 버지니아 민병대의 지휘관으로서 수행할 직무가 있었기 때문이다. 1775년 9월에 이미 제퍼슨은 버지니아 방위위원회(Committee of Safety)에 의해 버지니아 알버말(Albemarle)의 민병대 지휘관으로 임명된 상태였다.

버지니아 방위위원회란 무엇인가? 이를 알려면 먼저 당시 버지니아의 상황을 알아야 한다. 버지니아 식민지의 상황은 당시의 어느 식민지보다 급박하게 전개되고 있었다. 제퍼슨을 대륙회의 대표로 선출했던 1775년 3월의 제2차 버지니아 협의회에서 패트릭 헨리(Patrick Henry)는 "자유가 아니면 죽음을 달라!(Give me Liberty, or give me Death!)"는 문구로 유명한 연설을 했다. 이 연설의 요점은 아직 영국과 식민지 사이의 평화를 바라는 사람이 많을지 모르지만, 이제 식민지에는 자유를 택하느냐 아니면 죽음을 택하느냐의 길밖에 없다는 것이었다. 이 연설에 이어 협의회에서는 무장저항을 촉구하는 결의안이 통과되었다. 패트릭 헨리가 이끄는 버지니아 민병대의 활동 등으로 신변에 위협을 느낀 총독 던모어는 6월에 버지니아를 떠났고, 얼마 안 가서 아예 영국으로 도망쳐버렸다. 그해 7월에 버지니아 협의회는 버지니아를 방위하기 위해 방위위원회를 창설했고, 제퍼슨은 방위위원회에 의해 임명된 민병대 지휘관으로서의 역할을 수행하기 위해 버지니아로 갔던 것이다.

제퍼슨이 고향으로 돌아가 있던 1776년 봄, 식민지 아메리카에는 독립의 결의가 무르익어 가고 있었다. 고전을 면치 못하던 대륙연합군은 3월에 벙커힐(Bunker Hill) 전투에서 승리함으로써 식민지인들에게 영국을 이길 수 있으리라는 자신감을 심어주었다. 5월에는 대륙회의가 13개 식민지에 각자 새로운 헌법을 제정하라고 권고했다. 이보다 앞서 이미 3월과 5월에 사우스캐롤라이나와 버지니아가 각각 새로운 헌법을 제정하여 각자 하나의 '나라(state)'가 되었다. 이제 아메리카 식민지가 본국인 영국으로부터 독립하는 것은 시간문제였다.

1776년 6월 7일의 대륙회의에서 버지니아 대표인 리처드 헨리 리(Richard Henry Lee)는 식민지가 "자유롭고 독립적인 '나라'들(free and independent states)"로 독립할 것을 제의했다. 이는 그가 버지니아 협의회로부터 대륙회의에서 독립을 제의하라는 지시를 받아 이루어졌다.

여기서 주목할 것은 미국혁명기 버지니아의 역할이다. 버지니아는 이보다 앞선 1776년 5월에 13개 식민지 가운데 가장 먼저 독립을 선언했다. 6월에는 조지 메이슨(George Mason)이 버지니아 「인권선언」을 발표했다. 같은 6월에 버지니아는 헌법을 채택했으며, 그 헌법에 따라 버지니아를 통치할 지사(governor)를 선출했다. 즉 13개 식민지 가운데서 아메리카가 독립을 선언하게 될 1776년 7월 4일 이전에 공화주의 헌법 및 지배체제를 갖춘 유일한 '나라'가 바로 버지니아였다. 이는 미국혁명을 상당 부분 버지니아가 선도했다는 것을 뜻한다. 바꾸어 말하면 버지니아의 지도자들이 미국혁명에서 선도적 역할을 했다는 것이기도 하다. 우리가 여기서 다루고 있는 제3대 대통령 제퍼슨은 물론이요, 초대 대통령인 조지 워싱턴, 제4대 대통령인 제임스 매디슨 등이 버지니아 출신 정치가로서, 혁명기에 매우 중요한 역할을 했다.[13]

13) 이들은 뒤에 '건국의 아버지들(Founding Fathers)'로 추앙을 받았다. 또한 제2대 대통령인 존 애덤스를 제외하고 초대부터 제5대 대통령 제임스 먼로(James Monroe)까지 전부 버지니아 출신이어서 이들은 버지니아 왕조(Virginia dynasty)라고 불리기도 한다.

대륙회의는 리처드 헨리 리의 제의가 있고 불과 나흘 만에 제퍼슨을 「독립선언서」를 기초할 위원회의 위원으로 선정했다. 「독립선언서」를 기초할 5인 가운데 나머지 4인은 존 애덤스, 벤저민 프랭클린(Benjamin Franklin), 로저 셔먼(Roger Sherman), 로버트 리빙스턴(Robert R. Livingston)이었다.

젊은 제퍼슨이 「독립선언서」 기초위원회의 위원으로 선정된 이유를 두고 많은 논란이 있었는데, 내려진 결론은 비교적 간단하다. 그 위원회에 버지니아 대표가 한 사람 들어가야만 했는데, 독립선언을 제안한 당사자인 리처드 헨리

리가 고향으로 가고 없는데다 제퍼슨이 나이는 서른셋에 불과하지만 문필가로서 실력이 뛰어나다는 평판 덕분에 그 위원회에 들어가는 영광을 안게 되었다는 것이다.[14]

하지만 정작 제퍼슨은 기꺼워했던 것 같지 않다. 사실 제퍼슨은 위원으로 임명되기 이전 몇 주 동안 대륙회의에 자신의 직무를 면해 달라고 청원했는데, 이는 그가 보기에 미국혁명의 핵심적 사건인 신생 버지니아의 헌법을 기초하는 작업에 참여하기 위해서였다. 하지만 아무도 제퍼슨의 청을 들어주지 않아 그는 「독립선언서」의 초고를 만들어내는 것으로 만족해야만 했다.[15]

[14] Malone, *TJ*, pp. 14-15.

[15] *JC*, p. 393.

제퍼슨은 조지 메이슨의 버지니아 「인권선언」을 비롯한 자료들을 참고하고 다른 위원들의 도움을 받아 「독립선언서」의 초안을 완성했다. 「독립선언서」의 철학적 부분은 조지 메이슨의 「인권선언」의 처음 세 부분과 매우 유사한데, 「인권선언」은 당시의 혁명사상을 요약한 것으로 유명하다. 제퍼슨은 이 「인권선언」을 이용했으되, 그것을 더욱 발전시켰다. 「독립선언서」의 바탕이 된 사상은 기본적으로 보다 급진적인 애국파들(patriots)이 물들어있던 존 록크(John Locke)의 사상이라는 주장이 지배적이다. 역사학자 카알 벡커(Carl Becker)는 「독립선언서」에 나타난 정치사상을 연구하고 나서, 제퍼슨을 비롯한 '건국의 아버지들(Founding

Fathers)'이 록크의 직접적인 영향을 받았다고 주장했다. 특히 「독립선언서」 작성과 관련해서 "제퍼슨이 록크를 베꼈다"고 결론지었다.[16]

이처럼 제퍼슨이 계몽사상가 록크의 절대적인 영향을 받았다는 해석과 달리 스코틀랜드 계몽사상의 계약이론이 독립선언의 핵심에 자리 잡고 있다는 해석도 존재한다.[17] 분명한 것은 제퍼슨이, 어느 쪽이든 간에, 계몽사상의 계약이론의 영향을 받았다는 것이다. 제퍼슨 자신은 인간의 절대적인 평등을 믿지 않았다. 그리고 그는 혁명도 전혀 두려워하지 않았지만, 사회계약이 정기적이고 평화적인 개정에 의해 갱신되는 것을 선호했다. 그는 정부가 인민의 동의를 기반으로 해야 하며, 생명, 자유, 행복의 추구라는 인간의 "양도할 수 없는" 권리를 확보해야 한다고 굳게 믿었다. 또한 정부는 그 자체가 목적이 아니라 인간의 행복을 추구하는 수단이어야 한다고 굳게 믿었다. 선언서 가운데 영국 국왕에 대한 비난은 전반적으로 제퍼슨이 작성해서 채택된 1776년의 버지니아 헌법 서문의 내용을 좀 더 발전시킨 것이었다. 「독립선언서」는 그 표현의 명확함과 모호함, 둘 다로 유명하

---

16) Carl L. Becker, *The Declaration of Independence: A Study in the History of Political Ideas*, New York: Random House, 1958, pp. 27, 79.

17) 게리 윌즈(Gary Wills)는, 제퍼슨의 「독립선언서」 초고와 대륙회의의 최종 「독립선언서」를 비교하여 이제까지의 연구 결과와 전혀 다른 결론을 내린다. 제퍼슨이 오랫동안 개인의 권리의 확고한 옹호자로 이상화되었지만, 제퍼슨의 사회에 대한 비전은 개인의 이익, 즉 사리(私利, self-interest)가 아니라 사회적 요구와 상호의존이 사회계약의 토대인 그런 비전이라는 것이 윌즈의 주장이다. 또한 윌즈는 제퍼슨이 오랫동안 이상주의자로 알려져 왔지만 그는 동시대의 다른 혁명가들과 다름없는 사실주의자였다고 주장한다. Gary Wills, *Inventing America, Jefferson's Declaration of Independence*, New York: Vintage Books, 1978, pp. 367-369.

며, 제퍼슨의 산문의 특징인 교묘함이 풍부하다. 「독립선언서」는 제퍼슨의 저작물 가운데 가장 귀중한 업적이라고 할 수 있다.18)

제퍼슨이 작성한 초고는 애덤스와 프랭클린에 의해 상당 부분 고쳐진 뒤에 대륙회의에 공개되었다. 대륙회의에서는 며칠간의 논쟁 끝에 초고의 4분의 1을 삭제하거나 고쳤다. 제퍼슨은 초고에서 노예제를 도덕적 및 정치적 타락이라고 부르는 등, 영국 국왕을 비난하는 가운데 비록 간접적이긴 하나 노예제를 공격했는데, 이 구절은 제퍼슨의 반대에도 불구하고 삭제되었다. 하지만 미국에서 가장 유명한 정치문서인 「독립선언서」를 작성한 것이 제퍼슨이라는 데는 논란의 여지가 없다. 마침내 1776년 7월 4일, 대륙회의에서 승인된 「독립선언서」에 대한 서명이 이루어짐으로써 미국의 독립이 공식적으로 선언되었다. 이 역사적인 날을 미국인들은 독립기념일(Independence Day)로 기리고 있다.

「독립선언서」 가운데 가장 핵심적인 부분은 다음과 같다.

> 우리들은 다음과 같은 사실을 자명한 진리로 받아들인다. 모든 사람은 평등하게 태어났고 조물주로부터 몇 개의 양도할 수 없는 권리를 부여받았으며, 그 권리 중에는 생명과 자유와 행복의 추구가 있다는 것을 명백한 진리로

주장하는 바이다. 이 권리를 확보하기 위해 인류는 정부를 조직했고, 정부의 정당한 권력은 인민의 동의로부터 나오는 것이다. 또 어떠한 형태의 정부이든 간에 이러한 목적을 파괴할 때에는 언제든지 그 정부를 개혁 또는 폐지하여 인민의 안전과 행복을 가장 효과적으로 가져올 수 있는, 그러한 원칙에 기초를 두고 그러한 형태로 기구를 갖춘 새로운 정부를 조직하는 것은 인민의 권리인 것이다.

이 부분은 인간의 평등, 기본적 인권, 인민의 동의에 의한 정부의 수립, 혁명권 등 근대 민주주의의 기본 정치사상을 압축하고 있는 것으로 평가된다. 이 가운데서도 아메리

독립선언서를 기초한 다섯 사람이 대륙회의에 독립선언서를 제출하는 모습. 가운데 서있는 키 큰 사람이 제퍼슨이다.

카가 혁명의 길로 나아가는 데 가장 중요하게 작용한 주장을 꼽는다면 그것은 바로 혁명권이다.

훗날 "제퍼슨이 록크를 베꼈다"라는 말을 들을 만큼 제퍼슨이 「독립선언서」에서 인민의 동의에 의한 정부의 수립, 혁명권과 같은 록크의 자유주의 사상을 극명하게 표현한 까닭은 무엇일까? 이는 모국인 영국과의 관계를 끊고 독립을 하려는 식민지의 입장에서는 자유가 가장 강력히 요구되었을 것이며, 더욱이 록크의 혁명권은 식민지인의 행동을 정당화하는 데 기여하는 바가 컸을 것이기 때문이다.[19]

과감하게도 제퍼슨은 「독립선언서」에서 정부의 업무 수행이 국민을 만족시키지 못하는 경우, 국민은 자신들이 더 좋아하는 정부로 대치할 권리가 있다고 주장했다. 1776년의 상황에서 이것은 분리독립, 즉 영국 국왕 조지 3세의 제국으로부터의 탈퇴를 정당화하는 것이었다.[20] 그는 군주제에 저항하는 것, 즉 영국에 반발하는 것이 신에 대한 복종이라고 주장했는데, 이는 신의 이름을 빌려 미국 혁명을 정당화하는 것이었다. 이처럼 신의 이름으로 미국 혁명을 정당화했다는 점에서 제퍼슨은 미국 '건국의 아버지' 가운데 가장 혁명적인 인물이라고 할 수 있다.

[19] 이보형, 「아메리카혁명과 자유주의」, 『미국사연구』 창간호 1993.11, 9쪽.

[20] *IC*, p. 393.

버지니아 의원 제퍼슨

제퍼슨은 1776년 9월, 대륙회의를 떠나 버지니아로 돌아갔다. 그는 대륙회의 대표로 재선되었지만 대륙회의에 있는 것보다는 버지니아의 개혁을 촉진하는 데 자신이 더 유용할 것이라고 믿었기 때문이다. 그해 10월부터 제퍼슨은 버지니아의 하원의원으로서 법률 개정 작업에 참여했고, 이러한 생활은 1779년 6월에 버지니아 주지사로 선출될 때까지 계속되었다.

사실 제퍼슨은 이보다 앞서서, 즉 그가 대륙회의에 참석하고 있는 동안에 버지니아에서 개최된 협의회에 버지니아 헌법과 서문을 제출했었다. 그런데 헌법은 채택되지 않고 서문만 채택되었다. 미국혁명으로 버지니아에 새로운 헌법과 정부가 마련되었지만 법률과 사회조직에는 변화가 거의 없자 그는 몹시 실망했던 것이다.[21]

이제 버지니아로 돌아온 제퍼슨은 미국혁명의 정신에 따라 "진정한 공화주의 정부"를 세우려고 했다. "진정한 공화주의 정부"라는 제퍼슨의 이상을 떠받치는 네 개의 기둥은 한사(限嗣)상속제(상속이 특정한 상속 계급으로 제한되는 것)의 폐지, 장자상속제의 폐지, 보편교육 제도, 교회와 국가의 분리였다. 제퍼슨은 버지니아 장자상속법에 반기를

21) Malone, *TJ*, pp. 16~17.

들어, 모든 아들들에게 유산을 공평하게 분배하여야 한다고 주장했는데, 이는 버지니아에서 출생과 부(富)에 기반을 둔 인위적 귀족정(artificial aristocracy)을 없애겠다는 그의 결심에서 비롯되었다. 대신에 그는 교육을 통해서 재능과 덕(virtue)에 기반을 둔 자연적 귀족정(natural aristocracy)을 발전시키고, 계몽된 유권자를 늘리려고 했다. 또한 그는 버지니아의 국교회(established church)가 여전히 유지되는 데 대해서 반대하고, 교회와 국가의 완전한 분리를 희망했다.[22]

22) *EAR*, p. 555 ; Malone, *II*, pp. 16-17.

공화주의 정부에 걸맞도록 버지니아의 법률이 개정되어야 한다고 판단한 제퍼슨은 1776년 10월, 법률 개정을 제안했고 곧이어 이를 위한 위원회의 5인 가운데 1인으로 선출되었다. 그 후 2년간 그는 학자와 같은 철저함으로 법률 개정에 힘썼다.[23]

23) Malone, *II*, p. 17. 위원 5명 가운데 끝까지 남은 사람은 Thomas Jefferson, George Wythe, Edmund Pendleton이었다.

이듬해 6월에 제퍼슨의 위원회는 자그마치 126개의 법안을 제출했고, 이 가운데 장자상속제 폐지법안, 버지니아 종교자유법안 등, 적어도 100개는 실제로 법률로 제정되었다. 장자상속제는 1785년에 폐지되었으며 제퍼슨이 작성한 종교자유법은 1786년에 서문을 약간 수정한 뒤에 통과되었다. 종교자유법이 제정됨으로써 버지니아에서 교회와 정부는 완전히 분리되었다. 제퍼슨은 종교자유법의 제정을 자신의 인류에 대한 가장 큰 기여 가운데 하나로 여겼는데, 실제로 이 법은 미국의 위대한 자유의 헌장 가운데 하나이다.24)

24) Malone, 77, p. 17.

1786년에 이르러 제퍼슨의 이상 4개 가운데 교육에 관한 법을 제외하고 3개가 이루어졌다. 제퍼슨의 교육에 관한 법안, '더 많은 지식의 보급을 위한 법안(Bill for the More General Diffusion of Knowledge)'은 제퍼슨의 교육철학을 요약한 것으로, 이 법안에는 최초로 대학에서 선택과목 제도를 도입하는 내용도 들어있었다. 그러나 이 법은 제정되지 못했고, 초등학교에 관한 내용 일부만 1796년에 법제화되었다.

이 모든 것은 제퍼슨의 입법능력이 뛰어나고, 그의 개혁 방안이 명확한데다, 이 일을 추진하는 데 있어 그가 엄청난 열정을 보여주었기에 가능했다. 이러한 법률 개정은 미국의 역사에서 유례가 없는 업적이었다.25)

25) Malone, 77, p. 17.

버지니아 지사 제퍼슨

버지니아 의회에 의해 임기 1년의 지사로 선출된 제퍼슨은 1779년 6월 1일, 전임 지사인 패트릭 헨리의 뒤를 이어 버지니아 제2대 지사로 취임했다. 버지니아 의회 의원, 대륙회의 대표 등 주로 입법의 영역에서 활동하던 제퍼슨은 처음으로 행정의 영역에서 큰 공직을 맡게 된 것이다.

기본적으로 농업사회인 버지니아는 영국과 독립전쟁을 치르는 동안 담배를 수출할 영국 시장이 없어지는 바람에 어려움을 겪었다. 게다가 제퍼슨이 지사로 재직하던 첫해에는 가뭄으로 밀 수확량이 형편없었다. 화폐가 부족하자 버지니아 의원들은 지폐를 찍어내려고만 했다. 제퍼슨의 지사 임기가 끝날 즈음에는 화폐가 나뭇잎보다 가치가 없다는 말이 있을 정도였다. 이러한 어려운 상황 속에서도 제퍼슨은 병사를 모집하고 무기와 군수품을 구입해달라는 대륙회의의 지원요청을 충족시키기 위해서 끊임없이 노력했다.[26] 제퍼슨이 지사로 취임한 1779년은 독립전쟁이 한창이던 시절이었다. 남부도 영국군의 침입을 받아 조지아는 이미 영국군의 수중에 떨어졌고, 사우스캐롤라이나도 침입을 받아서 찰스턴(Charleston)이 위협을 받고 있었다. 버지니아도 언제 영국군의 침입을 받을지 알 수 없는 상황이었지만, 독립을 위해 영국군과 싸우고 있는 대륙연합군을 후방에서 지원하는 것이 버지니아 지사의 책무였기 때문이다.

그런데 여태껏 제퍼슨이 그토록 두각을 드러낼 수 있었던 이유인 그의 뛰어난 정신적 자질은 전시의 행정관인 그에게는 아무런 쓸모가 없었다. 한마디로 지사인 제퍼슨에

[26] Malone, 77, p. 18.

게는 권한이 거의 없었기 때문이다. 1776년에 제정된 버지니아 헌법 아래서 지사에게는 입법에 대한 거부권이 없었으며, 지사로서의 업무는 의회가 선출한 8인으로 구성된 심의회의 승인을 받아야 했다. 그래서였는지 제퍼슨은 권한을 행사하기를 주저하고 싫어했으며, 권한이 필요하다는 사실 자체를 개탄했다고 알려져 있다. 어쨌든 지사 시절의 이러한 경험은 이후 내내 제퍼슨으로 하여금 입법부의 지배에 반대하도록 만들었다.[27]

27) *EAR*, p. 555 ; Malone, *TJ*, p. 18.

1년의 임기를 마치고 지사에 재선된 제퍼슨은 1780년 6월부터 두 번째 임기를 시작했다. 그가 첫 번째 임기 중에 한 기억할 만한 일은, 윌리엄 앤드 메리 대학에 요청해서 스승인 조지 위드를 그 대학의 법학교수로 임명하도록 한 것뿐이었다. 위드는 미국 대학 최초의 법학교수였다. 두 번째 임기가 시작되고 얼마 안 된 1780년 가을에 제퍼슨은 지친 나머지, 개인적으로 지사를 그만두고 싶어 했다. 1781년에 이르면 그에게는 지사직을 수행하고 싶은 생각이 전혀 없었다. 이때까지만 해도 버지니아는 아직 영국군의 침입을 받지 않은 상태였다. 하지만 다른 곳의 군대를 지원하느라 버지니아의 군수물자는 이미 고갈되어 버렸다.

이런 상황에서 버지니아는 제퍼슨의 임기 동안 두 번이나 영국군의 침략을 받았다. 1781년 1월초에 영국군은 해안에서 내륙 쪽으로 기습 공격을 해서, 최근에 버지니아의 수도가 된 리치먼드 근교의 무기고에 불을 질렀다. 버지니아는 1780년에 수도를 윌리엄스버그(Williamsburg)에서 리치먼드로 옮긴 상태였다. 제퍼슨은 영국군의 공격에 대해 보고를 받은 후에 민병대를 소집했지만 제때에 적을 막아내지 못했고, 나중에 이로 인해 일처리가 더디고 우유부단하다는 비난을 받았다. 이 사건과 관련해서 제퍼슨에 대한 평가가 얼마나 비판적이었는지는 놀라울 정도이다. 제퍼슨이 끝까지 민병대에 대한 믿음을 버리지 않는 바람에 기량부족이라는 한심한 꼴을 보여주고 말았으며, 이때 그가 보여준 지도자로서의 참담한 실패는 말을 탄 지도자를 필요로 하는 사회가 철학자에 의해 인도될 때 어떤 일이 일어나는가를 보여주는 실례였다는 것이다.28)

영국군의 두 번째 침입은 첫 번째 침입보다 훨씬 더 위협적이었다. 1781년 봄, 영국군 총사령관 콘월리스(Cornwallis)의 막강한 군대가 남쪽에서 진격해오자 버지니아정부는 급히 도주하면서 실질적으로 해체되고 말았다. 버지니아 의회의 정규 회기를 맞아 리치먼드에 모였던 의원들은 서쪽으로 70마일 떨어진 샬럿츠빌(Charlottesville)에서 나중에 모이기로 하고 해산했다. 후임 버지니아 지사의 선출은 제퍼슨의 제2차년도 임기가 끝나는 6월 2일로 예정되어 있었는데, 의회가 해산하는 바람에 6월 4일로 연기되었다. 이때 제퍼슨은 자신의 개인 저택인 몬티셀로에 머무르면서 공식적인 편지를 몇 통 쓰는 등, 6월 3일에 지사로서의 마지막 임무를 수행했다. 그러고 나서 후임자는 아직 선출되지도 않았는데, 자신의 임기가 만료되었다고 해석하고는 사실상 주지사의 자리에서 물러났다. 바로 그 다음날인 6월 4일 아침, 콘윌리스가 보낸 영국군 기병대가 샬럿츠빌을 급습하자 회의를 위해 샬럿츠빌에 모였던 의원들은 산 너머 스턴튼(Staunton)에서 다시 모이기로 하고, 새 지사도 선출하지 못한 채 도망쳤다. 같은 날 아침, 제퍼슨은 자신의 가족을 먼저 피난시키고 몬티셀로에 남아 있다가 영국군이 들이닥치기 직전에 가까스로 도망쳐서 생포될 위기를 면했다. 제퍼슨이 지사로서의 직분을 망각하고 도망가려 했다는 사실은 사람들에게 실망감을 안겨줬다. 이후에 제퍼슨은 버지니아에서 다시는 공직에 취임하지 못했다.

6월 12일에 스턴튼에서 소집된 의회는 토머스 넬슨(Thomas Nelson Jr.)을 지사로 선출했다. 같은 날 하원은 다음 회기에 제퍼슨의 행위를 조사할 것을 요구하는 결의안을 채택했다. 한편 제퍼슨은 가족들을 대피시킨 뒤에 자신이 타던 말에서 떨어져 부상을 당하는 바람에 꼼짝도 하지 못하고 있었다. 나중에 정적들이 이 모든 사태의 원인은 제퍼슨이 개인적으로 비겁자였기 때문이라는 주장을 제기했는데, 제퍼슨의 공식적인 혐의는 군사적 대비 및 리더십이 부족했다는 것이었다.[29] 하지만 가장 뛰어난 제퍼슨 연구가 중 하나인 더머스 말론(Dumas Malone)은 제퍼슨에게 특정한 혐의가 있었던 것은 아니라고 주장한다. 위기가 실제로 발생한 뒤에 제퍼슨은 가능한 모든 것을 했으며, 그것도 예상할 수 있는 가장 빠른 속도로 행했다는 것이다.[30]

29) *EAR*, p. 555.

30) Malone, *TJ*, p. 19.

1781년 가을, 버지니아 의회의 가을 회기에서 제퍼슨은 영국군으로부터 첫 번째 공격을 받았을 당시의 자신의 공식적 행위를 변호했다. 그런데 이때쯤에는 사실 영국군의 버지니아 침탈이라는 과거의 고난을 두고 누군가를 비난할 필요가 전혀 없었다. 영국군 총사령관 콘윌리스가 10월에 요크타운(Yorktown) 전투에서 조지 워싱턴 장군이 이끄는 대륙연합군에게 패해 이미 항복한 뒤였기 때문이다. 12월 12일, 조사위원회는 제퍼슨에 대한 아무런 비난의 근거도 찾을 수 없다고 보고했다. 그리고 일주일이 지난 뒤, 이번에는 오히려 제퍼슨에 대한 감사의 결의안이 버지니아 상하 양원에 의해 채택되었다.

그렇다면 이 사건 이후에 제퍼슨에 대한 평판은 어떻게 변화했는가? 공식적으로 제퍼슨에 대한 혐의가 벗겨졌기 때문에 제퍼슨의 위신이 곧 회복되었다는 주장이 있는가

하면, 이와는 반대로 제퍼슨이 버지니아에서 위신을 회복하는 데는 여러 해가 필요했다는 주장도 있다. 나중에 제퍼슨의 정적들은 그가 미국 대통령으로 적합하지 않다는 것을 보여주기 위해서 이 사건을 이용하기도 했다.[31]

31) Malone, *TJ*, p. 20 ; *EAR*, p. 555.

어쨌거나 제퍼슨은 영국군의 두 번째 침입 때 말에서 떨어져 부상을 입는 바람에 자신이 아끼는 책과 사랑하는 가족과 함께 한가로운 시간을 즐길 수 있었다. 이 시간 동안 그는 버지니아에 관한 비망록을 집필했다. 1782~1783년 겨울에 수정·증보해서 1785년에 프랑스에서 출판한 것이 바로 『버지니아 논고(Notes on the State of Virginia)』이다. 이 책은 제퍼슨의 유일한 저서로, 제퍼슨이 동시대인들 사이에서 학자로서 명성을 얻는 토대가 되었을 뿐 아니라 미국의 선구적인 과학자로서 지속적인 명성을 얻는 토대가 되었다. 그는 이 책에서 버지니아의 미래에 대해 상당히 낙관적인 견해를 표명했지만 노예제도와 버지니아 정부에 대해서는 비난하기도 했다.

1782년 9월, 제퍼슨의 아내 마사가 거듭된 임신으로 인해 쇠약해진 몸을 추스르지 못하고 사망했다. 그녀는 결혼 생활 십 년간 일곱 번이나 임신을 했는데 일곱 번째 임신에서 결코 회복되지 못했던 것이다. 제퍼슨은 아내와의 사이에서 모두 여섯 자녀를 두었는데, 이 가운데 아내 마사보다 오래 산 자녀는 셋뿐이었다. 그 가운데서도 자라서 성인이 된 자녀는 딸 마사와 메리 둘뿐이었다. 제퍼슨은 엄마 없는 딸들을 무척이나 배려했으며, 딸들에게 매우 다정했다. 하지만 그는 몬티셀로를 떠나 공적 활동을 함으로써 개인적 근심거리를 잊고자 했던 것 같다.

연합회의 대표 제퍼슨

미국과 영국은 오랜 전쟁 끝에 강화를 위한 교섭을 프랑스의 파리에서 벌이고 있었다. 영국은 요크타운 전투에서 패배한 뒤에 미국을 무력으로 굴복시키려던 정책을 바꿔 평화협상을 시작했던 것이다. 미국 측 대표는 프랭클린, 애덤스, 그리고 존 제이(John Jay)였다. 제퍼슨은 1782년 11월 12일, 평화협상 대표에 추가로 임명되었다. 하지만 평화협상이 순조롭게 잘 진행되어 11월에 가조약이 맺어졌고, 따라서 제퍼슨이 프랑스로 갈 필요가 없어졌다. 이때 그는 아직 프랑스로 출발하기 전이었고, 그의 임명은 철회되었다.

미국과 영국의 정식 강화조약은 이듬해인 1783년 9월 3일에 체결되었다. 이 조약으로 아메리카의 13개 '나라'의 연합 국가인 미국은 영국으로부터 독립을 승인받았고, 북쪽으로는 5대호로부터 남쪽으로는 조지아까지, 서쪽으로는 미시시피강에 이르는 광대한 영토를 차지하게 되었다.

아메리카의 13개 '나라(State)'를 연합해서 하나의 국가를 건설하는 것은 미국혁명 중 가장 시급하고 중요한 일이었다. 1776년 7월 독립선언 직후부터 이 작업이 진행되어, 1777년에는 국가기본법에 해당하는 연합헌장(Articles of Confederation)이 만들어졌다. 연합헌장은 그로부터 4년이 지나 독립전쟁이 거의 끝나갈 무렵인 1781년 3월에 이르러서야 모든 '나라'의 비준을 받아 국가기본법으로서 효력을 갖게 되었다. 새 국가의 명칭은 '아메리카의 연합한 나라들(The United States of America)'이었다. 마침내 새로운 국가, 미국이 탄생한 것이다.

연합헌장에 따라 13개 '나라'들은 완전한 주권을 가지며, 국방 및 외교와 같은 공통사항만 대륙회의의 후신(後身)인 연합회의에 맡겨졌다. 연합회의에서 각 '나라'는 한 표의 표결권을 갖되, 중요사항을 결정할 때에는 13개 '나라' 중 9개 '나라'의 찬성이 필요했다. 그런데 연합회의는 징세 및 통상규제 권한이 없었고, 상비군도 가질 수 없었으므로 중앙정부로서의 기능을 발휘할 수 없었다. 즉 연합회의는 통일적 국가기구라기보다는 오늘날의 국제연합(UN) 같은 국제기구와 비슷했다.

제퍼슨은 1783년 6월, 이 연합회의에 버지니아 대표로 선출되었다. 연합회의에서 제퍼슨은 거의 모든 중요한 위원회에서 위원으로 활동했다. 그가 이 당시에 기초한 30여 편의 법안 중 주목할 것은 두 가지다. 우선 제퍼슨은 화폐 단위 제정에 관한 법안을 기초했다. 이 법안에서 그는 기존에 사용되던 영국의 화폐 대신 십진법을 쓰는 달러의 채택을 주장했고, 이 법안으로 신세계는 파운드, 실링, 펜스라는 영국의 불합리한 화폐제도에서 벗어날 수 있게 되었다.

다른 하나는 제퍼슨이 기초한 '1784년의 공유지법(Ordinance of 1784)'의 초안이다. 당시 미국인들은 애팔래치아 산맥을 넘어 서부로 활발히 이주하고 있었으나, 서부의 영토에 관한 법령은 전혀 없었다. 1783년 11월, 제퍼슨은 연합회의에서 서부 영지(territory), 즉 애팔래치아 산맥 이서, 오하이오 강 이북, 미시시피 강 이동 지역에 새로운 정부를 수립하는 계획을 마련하기 위한 위원회의 위원장으로 임명되었다. 이듬해인 1784년 3월, 제퍼슨은 서부 영지를 몇 개의 '나라'로 분할하는 것을 내용으로 하는, 서부 영지의 정부에 관한 보고서를 제출했다.[32] 또한 그는 이 보고서, 즉 '1784년의 공유지법'에서 노예제의 지역적 제한을 주장했다. 만일 이 초안이 연합회의에 의해서 부결되지 않고 제퍼슨이 제출한 대로 채택되었더라면 1800년 이후 서부 영지에서는 노예

32) 하지만 이 법에는 공유지를 어떻게 '나라'로 나눌 것인지, '나라'가 되기 이전의 서부 영지를 어떻게 통치할 것인지에 대한 규정이 없다. 이러한 정치적 내용은 뒤에 '1785년의 공유지법(Land Ordinance of 1785)' 및 1787년의 '북서부 공유지법(Northwest Ordinance)'에서 보충된다.

제도가 금지되었을 것이다.

그러므로 획기적인 법령으로 평가되는 1787년의 '북서부 공유지법(Northwest Ordinance)'의 특징 가운데 대부분은 이 보고서에 이미 포함되어 있다. 1787년의 '북서부 공유지법'이란 오하이오 강 이북의 공유지를 3~5개의 지역으로 분할하여 통치하되, 주민 가운데 성인남자의 수가 6만 명이 되면 공화주의 헌법을 제정하고 정부를 수립하여 이미 독립한 13개 '나라'와 동등하게 연합에 가입할 수 있도록 하는 법이다. 또한 북서부공유지에서 노예제도의 도입을 금지하기도 한 이 법은 그 뒤 미국의 공유지정책과 통치의 기본법 역할을 해서 서부개척을 민주적으로 진행시키는 데 크게 기여했다. 말론의 지적대로, 제퍼슨은 확실히 미국이 서부로 팽창하는 것을 기획한 주요 인물이었다. 4월 23일에 연합회의는 '1784년의 공유지법'을 공식 채택했는데, 이 법은 제퍼슨이 기초한 문서 가운데 중요성에 있어 독립선언 다음가는 것으로 평가되고 있다.[33]

33) Malone, *TJ*, p. 21 ; *EAR*, p. 556.

3. 외교관 제퍼슨

일찍이 1783년 말에 연합회의에서 제퍼슨은 프랑스와의 통상조약을 체결하기 위한 협상에서 쓰일 훈령을 기초한 적이 있었다. 프랑스와의 협상은 파리에서 프랭클린과 애덤스가 진행시키고 있었는데, 제퍼슨은 자신이 기초한 훈령에 따라 그들이 통상조약을 체결하는 것을 돕기 위해 1784년 5월에 파리로 파견되었다. 그해 8월, 제퍼슨은 딸 마사와 함께 파리에 도착했다.

이듬해인 1785년에 제퍼슨은 프랭클린의 후임으로 프랑스 공사에 임명되었고, 이후 1789년 10월에 파리를 떠날 때까지 5년 넘게 프랑스에 체류했다. 프랑스에서 제퍼슨은 프랭클린의 전례를 따라 업무를 수행했다. 그는 프랑스에 머무는 동안 내내, 석학으로 대접을 받긴 했으나 프랭클린의 명성에 가려 빛을 보지 못했다.[34]

제퍼슨은 나중에 자신이 프랑스에서 행한 공식적인 활동이 중요하지 않다고 했지만, 그는 부지런하고 능숙한 외교관이었다. 1785년에 그는 동료들과 함께 프로이센과 통상조약을 체결하는 데 성공했다. 1786년 초에 그는, 비록 실패하긴 했지만, 애덤스와 함께 영국과 통상조약을 체결하기 위해 협상을 벌였다. 제퍼슨은 또한 1787년에 모로코와의 조약 체결을 위한 협상을 돕기도 했다. 그는 프랑스와 영사조약(consular convention)을 맺기 위한 협상을 벌여 1788년 11월 14일에 체결했는데, 이는 미국이 맺은 최초의 영사조약이었다. 또한 제퍼슨은 미국상품에 대한 프랑스의 관세를 약간 완화시키는 데 성공했다. 그리하여 제퍼슨은 프랑스를 떠날 때, 프랑스인들이 당시로서는 상업적으로 가능한 모든 양보를 했으며, 미국에 대해 크나큰 감정적 애착을 가지고 있다는 믿음을 지니고 있었다. 그는 미국이 프랑스에 우호적이어야 한다고 확신했는데, 이는 프랑스에 대한 감사의 마음 때문이기도 했고, 미국에 대해 적대적인 데다가 전적으로 이기적인 정책을 펴고 있는 영국에 맞설 평형추(錘)로서의 프랑스의 가치 때문이기도 했다.[35]

35) Malone, Ⅶ, pp. 21-22.

제퍼슨이 프랑스에 체류하고 있던 1786년 가을에 매사추세츠에서는 셰이즈의 반란(Shays' Rebellion)이라고 불리는, 미국정부 및 매사추세츠 정부에 대한 무장반란이 일어났다. 이 사건은 단순한 정치적 반란을 넘어 1780년대 미국 역사에서 그 파장이 큰 사건이었다. 이 반란으로 여러 정치지도자들은 연합정부에 국가의 평화와 질서를 유지하기에 충분한 권한이 없다고 느꼈고, 나아가 연합헌장을 개정하기 위한 논의를 시작했기 때문이다.

독립전쟁이 끝나면서 미국 경제는 불경기에 빠져들었다. 더욱이 인플레이션도 시작되었다. 독립전쟁 중에 전쟁 비용을 충당하기 위해 지폐와 공채가 많이 발행되었는데, 전쟁이 끝난 뒤에도 지폐와 공채의 남발은 계속되었고, 그로 인해 전후에 악성 인플레이션이 진행되었던 것이다.

각 '나라'들은 불경기와 인플레이션에 대해 독자적으로 대책을 마련했다. 매사추세츠는 전쟁 중에 발행한 채권을 상환하기 위해서 매사추세츠의 농민들에게 무거운 세금을 부과했다. 부채와 세금은 늘어나는데 매사추세츠의 농민들에게는 그걸 갚는 데 쓸 지폐가 거의 없었다. 매사추세츠가 전후의 인플레이션에 대처하기 위해 지폐발행을 억제했기 때문이다. 매사추세츠의 중서부에 사는 많은 소농들은 빚을 갚거나 세금을 내기 위해 농장과 토지를 헐값으로 팔아야만 했다. 매사추세츠는 지불을 하지 못한 사람은 농장과 토지를 몰수하고 채무자감옥으로 보냈다.

이들 중서부 매사추세츠의 소농들을 규합해서 반란을 일으킨 사람은 독립전쟁에서 장교로 복무했던 대니얼 셰이즈(Daniel P. Shays)였다. 셰이즈의 지도 아래 뭉친 농민들은 우선 채무자감옥에 갇혔던 사람들을 풀어주었다. 얼마 안 가서 셰이즈는 공개적으로 반란을 선언하고, 무기를 들고 중서부 매사추세츠를 다니면서 채무자 재판을 정지시켰다. 반란을 진압하기 위해 소집된 민병대는 반란을 일으킨 사람들과 아는 처지여서 싸우기를 거부했다. 독립전쟁에서 맹위를 떨쳤던 대륙연합군은 상비군에 대한 반감으로 이미 해체되고 없었다. 상비군도 없고, '나라'의 일에 개입할 권한도 없는 연합회의는 이 상황에서 무력했다. 그러니 매사추세츠가 반란에 대처하도록 내버려둘 수밖에 없었다. 1786년 12월, 매사추세츠 지사 제임스 보우든(James Bowdoin)은 채권을 발행해서 그 돈으로 4,400명의 용병을 고용하고, 그 용병으로 반란을 진압하기로 했다. 이에 맞서 셰이즈는 이듬해 1월 25일, 부하들에게 스프링필드(Springfield)에 있는 연방무기고를 탈취하라고 명령을 내렸다. 그러나 민병대와 용병군이 합세해서 공격하는 바람에 셰이즈의 반란은 진압되었다.36)

36) 셰이즈와 그의 부하들 대부분은 후에 매사추세츠의 새 지사 존 핸콕(John Hancock)에 의해 사면되었다. *EC*, pp. 673-674.

셰이즈의 반란의 파장은 결코 작은 것이 아니었다. 이 반란은 연합헌장 아래서의 미국정부의 취약성을 드러낸 사건이었다. 이로 인해 알렉산더 해밀턴(Alexander Hamilton)과 제임스 매디슨을 비롯한 몇몇 정치지도자들이 강력한 중앙정부를 지닌 새로운 국가를 건설할 계획을 세우기 시작했고, 그 결과 미국 헌법이 채택되어 오늘날의 연방국가 미국이 탄생했던 것이다.

셰이즈의 반란의 여파는 '헌법의 아버지'로 불리는 제임스 매디슨의 경우에서 잘 드러난다. 매디슨은 1786년 가을까지만 해도 연합헌장의 개정을 통해서 연합을 강화하려고 마음먹고 있었다. 하지만 그는 그해 겨울에 있었던 셰이즈의 반란을 지켜보면서 생각을 바꾸었다. 셰이즈의 반란이 확산되자 이제 매디슨은 과세와 통상에 대한 권한을 지닌 보다 효율적인 정부를 수립하는 것 이외에도, '나라'에서의 질서를 유지할 수 있는 중앙정부가 필요하다는 것을 깨달았다. 셰이즈의 반란을 계기로 매디슨은 현재의 연합을 포기하고, 그것을 대치하기 위해 새로운 연방헌법을 제정하기로 결심했던 것이다.[37]

37) 셰이즈의 반란과 헌법 제정에 관한 보다 자세한 내용은 출고(拙稿), 『中道의 정치: 미국 헌법 제정사』, 서울대학교출판부, 2001, 35~38쪽 참조.

하지만 셰이즈의 반란에 대한 제퍼슨의 입장은 해밀턴이나 매디슨 같은 다른 정치가들의 입장과는 완전히 상반되는 것이었다. 당시 프랑스에 있던 제퍼슨은 셰이즈의 반란에 대한 소식을 전해 듣고 "예나 지금이나 자유의 나무는 독재자와 애국자의 피로써 다시 살아난다"는 유명한 문구로 자신의 생각을 표현했다. 제퍼슨은 반란이 일어나지 않고 오래 지속된 나라는 없으며, 민중의 반란이 때로는 필요하다고 보았다.[38] 그는 작은 반란은 좋은 일이며, 자연계의 폭풍처럼 정치계에서도 필요하다고 주장했다. 나아가 반란이 정부의 건재(健在)를 위해서 필요한 "약"이라고까지 표현했다.[39]

38) 제퍼슨이 William S. Smith에게 쓴 편지, 1787.11.13, Saul K. Padover ed., *A Jefferson Profile: As Revealed in His Letters*, New York: The John Day Company, 1956, pp. 55~56.

39) 제퍼슨이 James Madison에게 쓴 편지, 1787.1.30, Padover, *A Jefferson Profile: As Revealed in His Letters*, pp. 45~46.

제퍼슨의 주장을 요약하자면 정부가 민중의 반항을 통해 견제를 받아야만 한다는 것이다. 매디슨 등이 셰이즈의 반란 소식을 듣고 연합이 위기에 직면해 있다고 보고 이를 우려했다면, 제퍼슨은 민중이 정부와 헌법을 바꿀 능력을 항상 가지고 있어야 한다고 주장함으로써 정치폭력을 용인하는 듯했다. 그러므로 셰이즈의 반란을 계기로 드러난 제퍼슨의 정치폭력에 대한 견해는 상당히 급진적이었다고 볼 수 있다.

제퍼슨은 1787년에 필라델피아 제헌회의에서 연방헌법이 제정되는 동안 프랑스주재 공사로 파리에 체재하고 있었기 때문에 헌법을 기초하는 데 아무런 역할도 할 수 없었다. 제퍼슨과 같은 버지니아 출신으로서 제퍼슨을 존경해마지 않는 매디슨은 헌법이 작성되자 헌법안 한 부를 파리에 있는 제퍼슨에게로 보냈다. 1787년 말, 헌법안을 받아본 제퍼슨은 연방주의적인 미국 헌법을 대체로 지지했다. 그는 제헌회의에서 이루어진 큰 '나라'와 작은 '나라', 생산을 하는 '나라'와 운송을 하는 '나라' 사이의 타협에 찬탄을 보냈다.

하지만 제퍼슨은 헌법안 가운데 두 가지에 반대했다. 첫째, 대통령의 임기에 제한이 없다는 사실이다. 대통령의 임기 제한이 없으면 대통령이 지닌 임명권을 이용해서 모든 '나라'에 상당한 파당(faction)을 만들고, 그럼으로써 종신 대통령이 되려 할지도 모른다는 것이 반대 이유였다.[40]

---

[40] *EG*, pp. 393-395. 헌법의 기초(起草)라는 예기치 못한 상황은 정치지도자들 간의 정치적 견해 차이가 발견되는 계기이기도 했다. 헌법의 대통령 선출에 관한 조항을 보고 제퍼슨은 대통령으로 거듭해서 선출되면 종신대통령이 될 것을 우려한 반면, 존 애덤스는 공직이 선출을 통해서 채워진다는 사실을 '공포를 가지고 지켜본다.'라고 말했던 것이다. Joyce Appleby, *Thomas Jefferson*, New York: Times Books, 2003(이하 Appleby로 약함), p. 16.

둘째, 헌법에 권리장전이 없다는 사실이다. 제퍼슨은 헌법을 주의 깊게 검토하고 나서, 권력분립 등 헌법이 지닌 장점에 호감을 표현함과 동시에 헌법이 못마땅한 이유로 헌법에 권리장전이 없다는 것을 제일 먼저 꼽았을 정도였다.41) 버지니아는 연방정부보다 앞서 1776년에 이미 권리장전을 채택했는데, 제퍼슨은 연방정부도 이와 비슷하게 권리장전을 도입해야 한다고 생각했다. 제퍼슨은 매디슨과 권리장전에 관한 편지를 주고받으면서 권리장전의 필요성을 매디슨에게 설득시키는 데 성공했다.42) 권리장전에 대해 모호한 입장을 취하던 매디슨이 권리장전을 이론적으로 지지하게 된 데는 이처럼 제퍼슨의 영향이 컸다.43) 제퍼슨에게 설복된 매디슨은 제퍼슨에게 약속한 대로 헌법에 의해 구성된 초대 연방의회에서 권리장전을 제정했다.

41) Robert Allen Rutland, *The Birth of the Bill of Rights, 1776-1791*, Northwestern University Press, 1991, pp. 128-130.

42) 특히 1789년 3월에 쓴 편지에서 제퍼슨은 권리장전을 통해 사법부가 상당한 법적 견제력을 지니도록 만듦으로써 연방의 권력을 더욱 잘 견제할 수 있다고 주장했다. 제퍼슨이 James Madison에게 쓴 편지, 1789.3.15, *The Papers of James Madison* vol.11- eds. by Robert Allen Rutland et al., University Press of Virginia, 1977-, Vol.12, pp. 13-14.

43) Arthur E. Wilmarth, Jr., "The Original Purpose of the Bill of Rights: James Madison and the Founders' Search for a Workable Balance Between Federal and State Power", *American Criminal Law Review* 26, 1989, pp. 1292-1293. 권리장전의 제정에 관한 보다 구체적인 내용은 졸고(拙稿), 「제임스 매디슨과 권리장전의 제정」, 『서양사론』 59, 1998년 12월 참조.

제퍼슨과 매디슨의 정치이론에 관한 논쟁의 절정은 제퍼슨이 파리를 떠나기 직전에 매디슨과 주고받은 편지에 집약되어 있다. 특히 제퍼슨이 매디슨에게 보낸 편지의 한 구절이 큰 화제를 몰고 다녔는데 그 구절은 "땅은 살아있는 사람의 몫이다(The Earth belongs to the living)"라는 것이다.

제퍼슨은 이 편지에서 헌법에 대한 철학적 비판 및 좋은 정부의 궁극적인 목적에 관해 기술하고 있는데, 여기서 정치철학의 가장 기본적인 질문, 즉 "한 세대가 다른 세대를 구속할 권리가 있는가?"라는 질문을 제기했다. 제퍼슨은 여기에서 땅은 죽은 사람이 아니라 살아있는 사람의 몫이라는 "자명한" 원리에 관해 자신의 주장을 펴고 있다. 죽은 자는, 아무것도 아니기 때문에, 아무런 권력도 권리도 없다는 것이다. 그들이 살아있을 때 어떤 권력이나 권리를 지녔던 간에 그것은 그들의 죽음과 함께 스러진다. 죽은 자는 아무런 권리도 없기 때문에, 따라서 그들에게는 살아있는 자들을 구속할 권리가 없다는 것이다.[44]

44) 제퍼슨이 매디슨에게 쓴 편지, 파리, 1789.9.6, Paul L. Ford, ed., *The Writings of Thomas Jefferson*, New York, 1892-99, Vol. V, pp. 115-124, Adrienne Koch, *Jefferson and Madison: The Great Collaboration*, Gloucester, Mass.: Peter Smith, 1970, pp. 62-66에서 재인용.

45) 제퍼슨이 매디슨에게 쓴 편지, 파리, 1789.9.6, Paul L. Ford, ed., *The Writings of Thomas Jefferson*, New York, 1892-99, Vol. V, p. 121, Adrienne Koch, *Jefferson and Madison: The Great Collaboration*, pp. 68-70에서 재인용.

이 편지에는 헌법에 관한 제퍼슨의 철학의 핵심도 드러난다. "……어떠한 사회도 영구한 헌법을, 심지어는 영구한 법률을 만들 수 없다. 땅은 항상 살아있는 사람의 몫이다……"[45] 이 편지의 요체는 법과 헌법이 인류의 평화와 이익(good)을 위해서 우리의 이성과 경험에 비추어 개정되어야만 한다는 것이다. 제퍼슨은 이 테마를 생애 내내 여러 편지에서 제시했다. 첫 번째 편지 이후 34년이 지난 1823년에도 이 테마를 다시 한 번 확인하는 편지를 썼는데, 이때 그의 나이 80세

였다.46)

"땅은 살아있는 사람의 몫이다"라는 구절은 제퍼슨이 끊임없이 과거와 싸우고 있다는 것을 보여주는 첫 번째 증거이다. 제퍼슨은 어디에서나 과거의 습관과 관습과 편견 등을 보았는데, 이것들이 새로운 잠재 가능성을 망치고 있다고 생각했다. 제퍼슨은 파리에 있으면서 한동안 멀리했던 존 애덤스와 다시금 교분을 나누었다. 진정한 보수주의자였던 애덤스는 과거에서 지혜를 찾았으며, 세상이 수천 년간 그래왔던 것처럼 앞으로도 그렇게 존속되리라고 예상했다. 하지만 제퍼슨은 반(反)고전적이었다. 그는 고대의 지혜를 존중하기를 거부했다. 인간을 억제하고 진보를 가로막는 전통을 뿌리째 뽑아버리고 싶어 한다는 의미에서 급진적이었던 제퍼슨은 기꺼이 새로운 사상을 받아들이고 싶어 했다.47)

46) Adrienne Koch는 "The earth belongs to the living"이라는 주제를 자신의 저서, *Jefferson and Madison: The Great Collaboration*의 제4장 "The earth belongs to the living", pp. 62-96에서 상세히 다루고 있다.

47) Appleby, pp. 15-16.

앞에서 이야기했듯이, 제퍼슨의 파리생활은 1789년 10월까지 5년 넘게 이어졌다. 건축에 조예가 깊은 그는 파리의 수많은 유적과 거리 예술 등을 감상하며 시간을 보냈다. 원래 프랑스를 동경했던 그는 프랑스에서 머무르는 동안에 유창한 프랑스어 실력으로 프랑스의 유명 인사들과 친밀하게 지냈다. 그러던 중 1789년에 프랑스혁명이 일어났다. 1789년은 특별한 해였다. 미국에서는 워싱턴 대통령의 초대 행정부가 출범한 해이기도 했기 때문이다. 제퍼슨은 프랑스혁명이 일어나는 것을 눈앞에서 지켜보면서 여러 가지로 감명을 받았다. 프랑스혁명의 발발은 제퍼슨의 정치적 상상력에 불을 붙였다. 봉건적 특권의 폐지, 그리고 '인간과 시민의 권리의 선언문' 채택과 같은 것은 제퍼슨에게 몹시 감명 깊은 것이었다. 그는 1789년 가을, 일단의 부녀자들이 베르사유로 행진하는 것까지 목격했다.[48]

48) Appleby, p. 17.

제퍼슨은 그동안 프랑스의 많은 사회적 엘리트 및 귀족들과 친분을 쌓았음에도 불구하고 혁명군 편에 서서 혁명을 열렬히 지지했다. 프랑스혁명이 시작되자 제퍼슨의 프랑스에 대한 사랑은 무한해졌다. 프랑스혁명의 서막에 열광하면서 제퍼슨의 영국적인 것에 대한 혐오는 더욱 커져 갔다. 그런데 제퍼슨의 이러한 편견은 나중에 그가 대통령이 되었을 때 그의 외교정책에도 영향을 미치게 될 것이었다. 그해 10월, 제퍼슨은 두 딸을 고향 버지니아로 데려다 주고, 개인적 업무를 해결할 목적으로 휴가를 내고 귀국했다.[49]

49) Appleby, p. 113 ; EAR, p. 556.

역사학계의 최근 연구에 따르면, 우리가 '제퍼슨 민주주의'라고 부르는 공화주의 정부의 원칙이 제퍼슨에게서 형성되기 시작한 것은 제퍼슨이 프랑스에 체류하는 동안이었다. 제퍼슨이 미국으로 돌아와서 워싱턴 대통령의 국무

장관이 되었을 때 그는 지적(知的)인 측면에서 프랑스로 가기 전과는 매우 달라져 있었기 때문이다.50)

50) Darren Staloff, *Hamilton, Adams, Jefferson: The Politics of Enlightenment and the American Founding*, New York: Hill and Wang, 2005, p. 296.

가장 새로운 변화는 제퍼슨의 공화주의가 예전에 지니고 있던 엘리트주의적 요소가 사라지고 제퍼슨이 인민주권을 신봉하게 되었다는 것이다. 그런데 제퍼슨의 인민주권론은 루소의 '일반의지' 이론보다 훨씬 더 급진적인 것으로, 대중의 참여민주주의를 주장하고 나섰다. 하지만 현실적으로는 뉴잉글랜드의 타운(town)만 한 크기가 아니면 인민이 직접적으로 정치에 참여하는 것은 불가능했다. 이에 대한 제퍼슨의 해결책은 권력을 하나가 아니라 여럿에게 나누어 맡기는 것이었다. 즉 권력을 중앙정부에 집중시키는 것이 아니라 지방으로 분산시키고, 인민으로 하여금 지방정부에 직접 참여하도록 하는 것이었다. 대중의 참여, 이것이 제퍼슨이 꿈꾸는 공화주의 정부의 핵심이었다.51)

51) Staloff, *Hamilton, Adams, Jefferson: The Politics of Enlightenment and the American Founding*, pp. 296-299.

정치가 제퍼슨 2장

정치가 제퍼슨

1. 초대 국무장관 제퍼슨

1789년 초, 미국은 새로 제정된 연방헌법에 따라 첫 선거를 치러 선거인단의 만장일치로 조지 워싱턴을 대통령으로 선출했다. 워싱턴은 4월 30일에 미국 초대 대통령에 취임했다. 워싱턴은 독립전쟁 중 자신의 참모를 지낸 뉴욕 출신의 알렉산더 해밀턴을 재무장관에, 매사추세츠 출신 헨리 녹스(Henry Knox) 장군을 육군장관에, 버지니아 출신의 에드먼드 랜돌프(Edmund Randolph)를 법무장관에, 당시 주 프랑스 공사이던 제퍼슨을 국무장관에 임명했다. 임명 당시 제퍼슨의 나이는 불과 47세였다. 제퍼슨은 워싱턴의 국무장관 임명을 수락하고, 1790년 3월 22일부터 초대 국무장관으로서의 업무를 시작했다.

제퍼슨은 워싱턴 행정부의 정책 수립에서 자신이 국무장관으로서 주도적인 목소리를 낼 수 있으리라고 예상했을 것이다. 그러나 그렇게는 되지 않았다. 얼마 안 가 해밀턴이 워싱턴 행정부의 가장 주도적인 인물로 부상했기 때문이다. 제퍼슨은 처음에는 자신보다 열 살 넘게 어리면서도 재무장관으로서 국정을 지배하고 있는 해밀턴과 잘 지내보려고 노력했다. 하지만 새 정부가 출범한 지 얼마 지나지 않아 두 사람 사이의 협력은 불가능해졌다.[1]

워싱턴 내각에 참여한 지 얼마 안 가서 제퍼슨은 워싱턴 행정부의 각료들, 그리고 대부분의 의원들이 자신과 정치적 신념이 맞지 않는다는 것을 깨달았다. 제퍼슨이 보기에는 자신만이 유일한 공화정부의 주창자였을 뿐, 대부분의 사람들은 공화주의 정부보다는 군주제 정부를 선호했다. 몇 달 사이에 제퍼슨은 워싱턴 행정부에 있는 사람들이 해밀턴에 의해서 강력한 정치적 기계(political machine)로 만들어진 위험한 파당이라는 생각을 하게 되었다. 제퍼슨은 이들이 국가의 엘리트를 구성함으로써 실질적으로 유럽에서 행해지고 있는 것과 같은 귀족정을 창출하려는 것이 아닌가 의심했다.[2]

제퍼슨의 이러한 의심은 만일 해밀턴의 재정정책이 실체를 드러내지 않았더라면 단순한 걱정거리에 머물렀을지도 모른다. 그러나 해밀턴의 재정정책으로 인해 워싱턴정부가 미국혁명의 개혁주의적인 성격을 의도적으로 말살해 버리고 있다는 제퍼슨의 두려움은 가시화되고 말았다. 해밀턴의 새로운 재정정책이라는 것은 국가가 혁명기에 졌던 채무를 자산으로 바꾸려는 하나의 획기적인 법안이었다. 이것이 정부의 채권, 즉 국채에 대한 투기를 조장함으로써 부패를 조장한다고 믿는 제퍼슨은 해밀턴의 계획안을 새로운 정부의 한복판에 형성되고 있는 괴물이라고 여겼다. 제퍼슨과 해밀턴은 서로 너무도 다른 사람이었고 서로가 상대방을 인격적으로 신뢰하지 않았다. 그런데 흥미롭게도, 그 까닭은 제퍼슨이 상업경제(commercial economy)를 그다지 잘 이해하지 못했기 때문이라는 것이다. 그래서 결국 제퍼슨은 해밀턴이 좋지 않은 사람이라는 자신의 견해를 굳히게 되었다. 제퍼슨은 해밀턴이 행정부의 자리에 앉아서 의회를 통제하려는 방안을 생각해냈고 그럼으로써 정부를 영국의 의회제도와 같은 것으로 바꾸려고 한다고 믿었다. 그러므로 제퍼슨은 반대를 조직하는 것 즉, 야당을 결성하는 것만이 입법부를 순수하게 보전하고, 행정부로부터 입법부의 독립을 지킴으로써 해밀턴의 추종세력으로부터 나라를 구하는 유일한 길이라고 여겼던 것이다.[3] 이것이 제퍼슨과 해밀턴의 대립이라는 긴 이야기의 줄거리다. 이제

[3] Appleby, p. 19.

이 이야기를 좀 더 자세히 해보기로 한다.

제퍼슨과 해밀턴의 대립

겨우 서른넷의 나이에 미국의 초대 재무장관으로 임명된 알렉산더 해밀턴(1755 또는 1757.1.11~1804.7.12)은 어떤 인물인가? 해밀턴은 영국령 서인도제도에서 미혼모에게서 태어났는데, 출생년도조차 1755년인지 1757년인지 분명하지 않다.[4] 그는 1773년 아메리카 식민지로 와서 컬럼비아 대학교의 전신(前身)인 뉴욕의 킹스 칼리지(King's College)를 다녔다. 독립전쟁 중에는 대륙연합군에 자원입대해서 싸우다가 총사령관인 워싱턴의 부관을 지냈다. 1782년에는 연합회의에 뉴욕 대표로 참석했으며, 1783년에는 독학으로 변호사가 되었고, 뉴욕에서 변호사로서 명성을 얻었다.

4) 해밀턴의 출생년도로 1755년과 1757년 중에 1757년이 더 유력하다.

알렉산더 해밀턴

1786년 9월에는 연합의 13개 '나라'들 사이의 빈번한 통상 분규를 협의하기 위한 회의가 아나폴리스(Annapolis)에서 열렸는데, 이 회의에 해밀턴은 뉴욕 대표로 참석했다.

아나폴리스 회의란 무엇인가? 일찍이 미국인들은 독립전쟁 중이던 1781년에 연합헌장을 제정하고, 그에 따른 연합을 출범시켰다. 하지만 연합체제는 새 공화국이 당면한 여러 가지 어려운 문제들을 풀지 못했다. 연합회의는 과세권과 통상규제권을 지니지 못한 취약한 통치기구였기 때문이다. 1785년의 심한 경제 불황 속에서 13개 '나라'들의 경쟁적 행태로 인해 이른바 "통상의 무정부상태"가 계속되면서 연합의 재정은 파탄상태에 이르렀다. 이에 보다 나은 통상규제안을 마련하기 위해 아나폴리스에서 통상회의가 개최된 것이다. 이 회의에서 해밀턴은 때마침 들려온 셰이즈의 반란 소식을 듣고 단순한 통상규제로는 연합이 당면한 문제를 해결할 수 없으며, 지금의 사태를 해결하기 위해서는 새로운 중앙정부가 필요하다는 생각을 갖게 되었다. 그러기 위해서 연합헌장의 개정이 필요하다고 판단한 해밀턴은 이른바 아나폴리스 결의안(Annapolis resolution)을 기초했다. 아나폴리스에 모였던 대표들은 이듬해 5월, 전체 '나라'의 대표들이 필라델피아에 모여 연합헌장의 개정문제를 토의하는 것을 내용으로 하는 결의안을 채택하고 해산했다.

이렇게 해서 연합헌장을 개정하기 위한 회의가 1787년 5월에 필라델피아에서 소집되었다. 즉 해밀턴은 헌법이 제정됨으로써 훗날 제헌회의로 불리게 될 이 회의를 소집하도록 하는 데 결정적 역할을 하였고, 이 회의에 뉴욕 대표로 참석해서 버지니아 대표인 매디슨과 더불어 헌법 제정을 주도했던 것이다.5)

해밀턴이 이처럼 헌법 제정에 앞장선 이유는 무엇일까? 대륙연합군에서 워싱턴의 부관으로 근무하던 시절부터 강력하고 중앙집권적인 중앙정부를 꿈꿔왔던 해밀턴은 연합헌장 아래서 드러난 연방 권위의 무력함에 좌절했다. 연합정부가 '나라' 사이의 통상을 규제하지 못하는데다, 셰이즈의 반란과 같은 국내의 소란에도 제대로 대응하지 못했기 때문이다. 단순히 연합헌장을 수정하는 것으로는 안 되겠다고 판단한 해밀턴은 새로운 헌법, 새로운 정부를 꿈꾸었다. 1787년 5월에 개최된 제헌회의에 뉴욕대표로 참가한 그는 헌법 제정 과정에서 선출된 종신 대통령, 특히 외교와 국방의 영역에서 강력한 대통령을 지지했다.6)

헌법이 기초되었지만 완성된 헌법안이 각 '나라'의 비준을 받는 과정이 생각 만큼 순탄하지 않자 해밀턴은 존 제이(John Jay), 제임스 매디슨과 더불어 헌법을 옹호하는 논설을 쓰기 시작했고 결국은 헌법 비준을 이끌어내는 데 성공했다.7) 그리고 1789년에 헌법에 따라 새 연방정부가 구성되자 초대 재무장관에 취임한 것이다.

해밀턴은 당시의 국가 지도자들 가운데 정치철학적으로 가장 귀족적인 인물이었다. 그는 효율적이고 안정된 정부를 이루려면 엘리트 지배계급이 필요하다고 믿었다. 그리하여 새 정부는 부유하고 유력한 집단의 지지를 얻어야 하며, 그러기 위해서는 엘리트들이 새 정부의 성공에 연계되도록 해야 했다.[8]

해밀턴은 장관에 취임한 지 2년도 못 되어 의회에 다섯 개의 보고서(공채, 수입관세, 국립은행, 화폐주조, 제조업에 관한 보고서)를 제출하고 관련 법안을 통과시켜 줄 것을 요청했는데,[9] 제퍼슨은 해밀턴이 제시한 국가의 재정정책 가운데서도 특히 전쟁 부채를 처리하는 문제를 두고 해밀턴과 오랫동안 논쟁을 벌였다. 해밀턴이 제시한 전쟁 부채 관련 법안은 공채 투자 법안(funding bill)과 부채인수 법안(assumption bill)으로 나누어 볼 수 있다.

해밀턴은 우선 기존의 정부 부채가 "장기 공채화되어야" 한다고 제안했다. 즉, 독립혁명 시기나 그 이후에 연합회의가 발행했던 여러 가지 채권 증서를 모아 수익 채권으로 전환시켜야 한다는 것이었다. 그리고 각 주의 채권 증서 소

---

8) Brinkley, pp. 286-287.

9) 해밀턴이 제출한 다섯 개의 보고서는 다음과 같다.
First Report on the Public Credit (1790.1.14)
Operations of the Act Laying Duties on Imports (1790.4.23)
Second Report on Public Credit: Report on a National Bank (1790.12.14)
Report on the Establishment of a Mint (1791.1.28)
Report on Manufactures (1971.12.5)

지자들이 중앙정부로부터 언젠가는 부채를 상환받을 수 있을 것이라는 기대를 갖도록 하려면, 독립전쟁 기간에 각 주가 진 부채를 중앙정부가 떠안아야 한다고 주장하기도 했다. 그는 새로운 채권을 발행해 기존의 채권을 상환함으로써 영구적인 연방 부채를 창출하려고 했다. 그렇게 되면 새로운 연방정부에 돈을 빌려준 부유한 계급이 언제나 새 정부의 존속을 바라게 될 것이라고 믿었다.[10]

10) Brinkley, pp. 286~287.

거의 대부분의 연방 의원들은 정부 부채의 장기 공채화에 대해서는 해밀턴의 제안을 지지했다. 그러나 1대1로 이전의 채권 증서를 새로운 수익 채권으로 교환하자는 제안에 대해서는 많은 의원이 반대했다. 건전한 국가재정을 중시하고 채권자들에게 관심을 가진 해밀턴은 새로운 연방정부가 아직 갚지 못한 부채를 액면가 그대로 지불할 것을 제안했는데, 이로써 국가의 신용은 회복될 수 있지만 재정적 부담은 과중해지기 때문이다. 채권의 상당 부분은 대륙회의가 대륙연합군으로 참전했던 병사들에게 봉급을 지불할 돈이 없어서 대신 발행한 채권이었다. 채권 원소유자들 가운데 상당수의 사람들이 1780년대의 경제 불황 속에서 채권을 투기업자에게 팔 수밖에 없었는데, 당시 투기업자들은 이 채권을 액면가보다 훨씬 낮은 액수로 구입했었다.

버지니아 주 출신 연방하원의원인 매디슨은 이전의 채권

증서를 새로운 수익 채권으로 액면 그대로 교환해주자는 해밀턴의 제안에 대해서, 투기업자들이 이윤을 남기게 된다며 반대했다. 매디슨은 전액을 상환하되, 원소유자와 투기업자를 구분해 채권을 발행해주는 안을 주장했다. 그러나 해밀턴의 안을 지지하는 의원들은 정부의 명예를 지키려면 누가 채권을 소유하고 있든 간에 전에 했던 정부의 약속을 그대로 이행해야 한다고 역설했다. 연방의회는 결국 해밀턴이 바라던 공채 투자 법안을 통과시켰다.[11]

11) Thomas Andrew Bailey, *Democrats Vs. Republicans: the Continuing Clash*, Meredith Press, 1968, 정성화·손영호 역, 『미국정당정치사 민주 공화 양당의 발전과 대립의 역사』, 학지사, 1994, (이하 Bailey로 약함) p. 21 ; Brinkley, pp. 288-289.

제임스 매디슨

여기서 주목할 것은 헌법을 제정하는 과정에서 내내 협력했던 매디슨과 해밀턴이 이즈음부터 대립하기 시작했다는 것이다. 특히 헌법의 비준 과정에서 완성된 헌법안을 옹호하기 위해 두 사람이 존 제이와 함께 쓴 논설은 나중에 『연방주의론』이라는 제목으로 출판되었는데, 이 논설 가운데 일부는 매디슨과 해밀턴 중 누가 쓴 것인지를 모를 만큼 두 사람의 정치사상이 비슷했었다.[12] 그런데 새 정부가 구성되고, 해밀턴의 재정정책이 제시되면서부터 두 사람은 대립하기 시작했다. 여기에 1790년 3월, 새로이 국무장관으로 취임한 제퍼슨이 가세했다.

12) 일부 논설은 그것을 누가 썼는지를 둘러싸고 1960년대 중엽까지 논쟁이 계속되었을 정도이다. Jacob E. Cooke ed., *The Federalist*, Wesleyan University Press, 1961, introduction, pp.xxviii-xxix. 이와 관련된 보다 상세한 내용은 졸고(拙稿), 『중도의 정치』, p. 76, 주4 참조.

연방정부가 주(州)의 부채를 인수해야 한다는 해밀턴의 제안은 더 큰 반대에 부딪쳤다. 모든 주가 부채를 똑같이 나누어서 갚아야 한다는 해밀턴의 주장에 맞서 제퍼슨은 각 주가 자신들의 빚을 알아서 갚아야 한다고 주장했는데, 이는 빚이 많지 않은 버지니아, 노스캐롤라이나, 사우스캐롤라이나 등의 남부 주들을 대변하는 것이었다. 만약 연방정부가 주 정부의 부채를 떠맡게 된다면, 부채가 적은 주가 많이 지고 있는 주를 위해 세금을 내야 하는 결과가 초래될 것이었다. 예를 들면 매사추세츠는 버지니아보다 훨씬 많은 부채를 안고 있었다. 해밀턴과 그 지지자들이 부채인수 법안을 통과시키기 위해서는 버지니아인들과 타협하는 수밖에 없었다. 협상은 수도의 위치와 연계해 진행되었다. 버지니아인들은 수도를 남부, 즉 버지니아와 가까운 곳에 두려고 했다. 제퍼슨과 해밀턴이 만나 버지니아가 부채인수 법안에 표를 던지는 대가로 수도를 남부에 건설하는 데 북부가 협력하기로 합의했다.13) 이 타협으로 수도는 뉴욕이 아닌 워싱턴으로 정해졌고, 부채인수 법안은 1790년 7월 26일에 가까스로 의회를 통과했다.

제퍼슨과 해밀턴의 대립은 중앙은행 설립문제를 둘러싸고 더욱 두드러졌다. 재무장관 해밀턴은 중앙은행을 설립하려고 했다. 중앙은행을 설립하면, 기업에 대출을 제공하고 통화를 발행할 수 있을 뿐 아니라, 정부의 연방 재원 예치금을 안전하게 보관하는 장소가 제공되는 셈이다. 또한 수세(收稅)와 정부 지출의 지불을 용이하게 할 뿐만 아니라 소규모 유약한 미국의 금융체계에 안정적인 중심축으로 기능하게 된다는 이점도 있었다.[14]

해밀턴이 중앙은행을 창설하기 위해 미국 은행 법안을 제안하자 이를 둘러싼 격렬한 논쟁이 일어났다. 워싱턴 대통령은 매디슨이 하원에서 그 법안이 위헌이라고 비판했다는 것을 알면서도 각료들에게 그 법안에 대한 평가서를 제출하라고 요청했고, 이에 대한 응답으로 제퍼슨과 해밀턴은 각기 미국 역사상 가장 주목할 만한 문서를 작성했다.[15]

해밀턴은 의회가 명시된 권력을 수행하기 위해서 '필요하고 적절한(necessary and proper)' 어떠한 법률도 제정할 수 있다고 선언하고 있는, 헌법의 소위 탄력적 조항(제1조 제8절)을 지적했다. 그는 헌법이 의회에 조세를 부과하고 화폐를 주조할 수 있는 권리를 부여하고 있으므로, 이는 함축적으로 의회가 화폐를 보관하고 지불할 수 있는 국립은행의 설립도 허가할 수 있음을 뜻한다고 주장했다. 이것이 그 유명한 함축된 권한의 원리인 것이다.[16]

반면 제퍼슨은 은행설립이 헌법에 명시되어 있지 않다고 역설했다. 그는 당시 비준 절차를 밟고 있던 헌법 수정조항

14) Brinkley, p. 287.

15) *EC*, p. 394.

16) Bailey, p. 23.

제10조의 내용, 즉 헌법을 통해 연방정부에 위임되지 않았거나, 각 주에 금지되지 않은 모든 권한은 각 주나 인민이 보유한다는 내용을 출발점으로 삼았다. 제퍼슨에게는 이것—명시적으로 연방정부에 위임된 몇몇 권한을 제외한 모든 권한은 각 주에 있다—이 미국 연방주의의 핵심적 가정이었다. 그가 보기에는 헌법 제1조 제8절은 의회에 은행은커녕, 기업을 허가할 권한조차 부여하지 않았다. 그러므로 그 권한은 연방헌법이 비준되기 전에 그것이 있었던 곳, 즉 주정부에만 존재했다.[17] 제퍼슨의 주장을 요약하면, 헌법의 어디에서도 의회에 중앙은행을 설립할 권리를 부여하지 않았으며, 헌법의 엄격한 해석에 의하면 이러한 권한은 각 주에 귀속되어 있으며, 주들이 자신의 은행을 설립해야 한다는 것이다.[18]

| [17] *EC*, p. 394.

| [18] Bailey, p. 23.

제퍼슨의 이러한 해석은 헌법해석의 두 가지 고전적인 입장 가운데 하나인 엄밀한(strict) 해석 또는 협의의 해석이라 불린다. 제퍼슨과는 반대되는 주장을 펼친 해밀턴의 헌법해석은 광의의(broad) 해석 또는 느슨한 해석이라 불린다. 협의의 헌법해석은 연방정부의 권한을 약화시키기 위한 것이며, 광의의 헌법해석은 연방정부의 권한을 강화시키기 위한 것으로 인식되었다.[19]

| [19] *EC*, p. 394 ; Bailey, p. 23.

사실 1770년대 중반에 연합헌장을 기초할 때만 해도 미

국인들은 강력한 중앙정부의 건설을 의도적으로 회피했었다. 독립하기 직전 10여 년 동안, 영국의 강력한 식민통치 아래 고난을 겪었던 미국인들은 강력한 중앙정부가 폭정의 온상이 될지 모른다고 우려했기 때문이다. 그러나 건국 초기에 여러 어려움이 닥치면서 연합회의가 무능하다는 것이 분명해지자 어쩔 수 없이 강력한 중앙정부의 건설을 다시 고려하게 되었다. 1787년, 미국은 새로운 헌법을 제정하고 독립적인 입법부·행정부·사법부의 3개부로 구성된 더욱 강력한 정부를 조직했다. 그러나 미국이 헌법을 채택했다고 해서 공화국 건설이 완성된 것은 아니었다. 왜냐하면, 미국 헌법이 거의 완벽한 문서라는 데에는 대부분의 미국인들이 동의했지만, 그 문서가 무엇을 의미하는가에 대해서는 의견이 분분했기 때문이다.[20] 그러던 중 은행 설립문제를 둘러싸고 처음으로 헌법해석 문제가 불거졌고, 그 결과 헌법의 엄밀한 또는 협의의 해석과 광의의 또는 느슨한 해석이라는 개념이 전면적으로 대립되는 결과가 나타났던 것이다.

제퍼슨이 이처럼 하원의원인 매디슨, 랜돌프 등과 함께 헌법에는 중앙은행에 대해 아무런 규정도 없기 때문에 연방의회는 어떤 은행도 설립할 권한이 없다고 주장했음에도 불구하고 연방의회는 해밀턴의 법안에 동의했고, 워싱턴이 해밀턴의 손을 들어주어 미국 은행 설립법안에 서명했다.

20) Brinkley, pp. 270~271.

그리하여 1791년에 미국은행이 설립되었다.

해밀턴의 재정정책은 여기서 끝난 것이 아니었다. 연방정부는 부채의 인수를 위해 새로운 세원(稅源)을 필요로 했다. 해밀턴은 공유지 판매로 예상되는 수입금 외에 보충적으로 두 종류의 과세를 주장했다. 하나는 주류에 부과하는 소비세로서, 이 세금은 옥수수 등의 수확물을 위스키로 만들어 판매해왔던 서부 벽지의 증류업자들, 즉 소규모 자작농들에게 큰 부담이 될 수 있었다. 다른 하나는 수입 관세였는데, 해밀턴은 이것이 세입을 올리는 방법일 뿐만 아니라 국내 산업을 외국 경쟁 산업으로부터 보호할 수 있는 방법이라고 생각했다. 해밀턴은 그 유명한 1791년의 '제조업 분야 보고서(Report on Manufactures)'에서 국내 산업 성장을 촉진하는 계획의 밑그림을 제시했고, 건전한 제조업 분야를 중심으로 하는 사회의 장점에 대해 열변을 토했다. 해밀턴이 희망했던 고도의 보호적 성격을 띠는 관세법을 통과시키는 데는 실패했지만, 어쨌든 1792년에 관세법이 통과됨으로써 관세율이 어느 정도 인상되었다.[21] | 21) Brinkley, pp. 288, 290.

이처럼 해밀턴은 최초의 중앙은행을 설립하고, 정교한 관세 및 소비세 제도를 확립하는 데 기여했다. 5년이라는 짧은 기간에 해밀턴은 연합시절의 혼란스런 재정체계를 근대적 장치를 갖춘 완전한 프로그램으로 바꾸어놓았다. 그럼으로써 그는 새 정부를 재정적으로 안정시켰으며, 투자자들에게는 정부의 채권에 투자하기에 충분한 신뢰감을 주었다. 간단히 말하면, 해밀턴이 이끄는 연방파가 제시한 것은 안정된 새 정부의 비전 그 이상이었다. 미국이 어떤 나라가 되어야 하는지의 문제, 즉 부유하고 계몽된 지배 계급, 활기 넘치고 독립적인 상업 경제, 그리고 제조업이 번창하는 그런 국가 비전을 제시했던 것이다.[22]

22) Brinkley, p. 288.

그러나 해밀턴의 경제계획에 불만을 가진 사람들도 많았다. 소규모 자작농들은 지나친 세금 부담을 떠안게 되었다고 불만을 터뜨렸다. 외딴 농촌에 사는 자작농들의 위스키세(稅)에 대한 반대는 1794년에 위스키반란(Whiskey Rebellion)으로 폭발했다. 서부 펜실베이니아와 서부 버지니아에서는 위스키가 주요 수출품으로 지역경제의 기반을 이루고 있었다. 연방 권위를 확립하기 위해서는 법을 준수하는 것이 핵심적이라고 믿는 해밀턴은 반란을 진압하기 위해서 워싱턴 대통령과 반란 장소까지 동행했다. 압도적인 연방군의 위세에 반란의 주도자들은 겁을 먹었고, 반란은 유혈 없이 끝이 났다. 하지만 소규모 자작농들을 비롯한 많은 사람들이 연방주의자들의 경제 계획이 국민의 이익이 아니라 부유한 엘리트의 이익을 대변하는 것이라고 주장하기 시작했다. 이러한 정서 속에서 조직적인 정치적 반대가 생겨났다.[23]

23) Brinkley, p. 290.

그리하여 해밀턴이 재무장관으로 재직하는 동안 정치적 파당(factions)이 나타나기 시작했다. 의회 내에서는 해밀턴의 재정정책에 대해 반대하는 그룹이 매디슨을 중심으로 형성되기 시작했다. 그리고 프랑스에서 돌아와 국무장관에 취임한 제퍼슨이 이 그룹에 가세했다. 미국헌법이 비준되고 몇 년이 지나지 않아, 매디슨을 비롯한 여러 사람들은 해밀턴과 그의 지지자들을 위험하고 이기적인 당파라고 확신하게 되었다. 해밀턴과 그의 지지자들, 즉 '연방파(Federalists)'는 직권을 이용해 지지자들의 이익을 도모하고 새로운 지지자들을 규합했다. 그들은 연방파가 18세기초 부패한 영국 정부와 똑같은 일을 자행하고 있다는 생각을 하기에 이르렀다.[24]

비판자들의 눈에는 연방파가 위협적이고 억압적인 권력구조를 조장하고 있는 것으로 비쳤다. 따라서 격렬한 반대파를 조직하는 것 이외에 다른 대안이 없었다. 그 결과 또 하나의 정치조직이 등장했는데, 그 조직의 구성원들은 '공화파(Republicans)' 또는 '제퍼슨파(Jeffersonians)'로 알려졌다. '제퍼슨파'라는 명칭에서 알 수 있듯이 제퍼슨은 공화파의 창설자 겸 지도자였다.[25] 1794년 위스키반란에 대하여 해밀턴이 강경책을 쓰자, 제퍼슨파는 연방정부의 경제 정책이 소수의 특권계급을 만들고 다수 국민의 이익과 반대 방

[24] Brinkley, p. 291.

[25] ZC, p. 395 ; Brinkley, p. 291.

향으로 나아가고 있다고 비판했다.

1790년대 말, 공화파는 당파적인 영향력을 행사할 수단을 강구하는 데서 연방파를 훨씬 앞섰다. 그들은 모든 주에서 위원회와 협회, 중진회의(caucus)를 조직했다. 그리고 지방 선거와 주 선거에 영향력을 발휘하기 위해 결속을 다졌다. 역사가들은 이러한 파당주의의 제도화를 '제1차 정당체제(first party system)'로 간주한다. 그러나 연방파나 공화파 모두 정당으로서 역할을 하고 있다는 사실을 인정하지 않았으며, 다른 정파가 존재할 권리도 인정하지 않았다.[26]

26) Brinkley, p. 291.

정당을 만들고 정당 활동을 하면서도 정당 자체를 부인한 까닭은 무엇일까? 이는 '건국의 아버지들' 모두가 정당을 부정적으로 인식하고 있었기 때문이다. '건국의 아버지들'은 영구적인 정당은 해로운 것이며 파당 정신은 억제되어야 한다는 데 동의했고, 결과적으로 헌법에 정당의 조직에 관한 어떠한 조항도 넣지 않았다.[27] 일찍이 매디슨은 헌법을 옹호하기 위해 쓴 논설에서 파당(派黨, faction)을 맹렬히 비난했다. 그는 "미국혁명 이후 아메리카 대륙에서 출범한 여러 '나라' 정부를 망쳐버린 것도 바로 파당의 폐해였다"고 지적했다.[28] 제퍼슨도 1789년에 정당에 반대하면서, 만약

27) Bailey, p. 17.

28) 매디슨은 인간의 본성 가운데 파당을 가장 두려워했다. 그에게 있어 파당은 덕(virtue)과 반대였다. 덕이 자신의 이익보다 전체의 이익을 선호하는 것이라고 한다면 파당은 사리(私利)를 공익(公益)보다 우위에 두기 때문에 민중정부에 위험하다는 것이다. 사리가 공익보다 우위에 있다는 것은 모든 민중정부의 파멸 원인으로, 반드시 막아내야만 하는 것이었다. Jacob E. Cooke ed., *The Federalist*, pp. 58-59. 보다 상세한 내용은 졸고(拙稿), 『미국을 만든 사상들』, 살림, 2004, pp. 63-64 참조.

자신이 꼭 정당과 함께 천국에 가야 한다면, 자신은 결코 그곳에 가지 않을 것이라고 했다.[29]

처음부터 공화파 가운데 가장 뛰어난 인물은 제퍼슨과 매디슨이었다. 제퍼슨은 공화파의 대의를 가장 잘 대변한 인물로, 대부분의 시민이 자기 땅에서 농사를 짓는 농본주의적 공화국을 비전으로 제시했다. 사실 미국인들이 새로운 정부 수립에 착수하면서 유일하게 합의한 것이 있다면, 바로 그 정부가 공화주의 정부여야 한다는 것이었다. 그들에게 공화정체란 모든 권력이 왕과 같은 지고(至高)의 권위에서 나오는 것이 아니라 국민들로부터 나오는 정치 체제를 의미했다. 따라서 정부의 성공 여부는 그 시민의 성격 여하에 달려 있었다. 국민이 시민적 덕(civic virtue)으로 충만한 건전하고 독립적인 재산 소유자들로 구성된다면 그 공화국은 존속할 수 있을 것이고, 소수의 막강한 귀족과 대다수의 독립적이지 못한 노동자들로 구성된다면 그 공화국은 위험에 빠질 것이다. 그러므로 처음부터 독립적인 자영농이 미국 정치이념의 근간이었다. 제퍼슨은 독립적인 자영농이 자신들의 뜻에 따라 다스리는 농업국가로의 발전을 꿈꾼 대표적인 정치가였다. 그렇다고 해서 제퍼슨이 상업행위나 산업행위를 경멸한 것은 아니었다. 그러나 국가가 지나치게 도시화되거나

[29] 그럼에도 불구하고 만일 앤드류 잭슨(Andrew Jackson)의 민주당이 제퍼슨의 민주공화파로부터 직접적으로 계통을 이어받았다고 유추한다면 제퍼슨은 오늘날까지 미국이 만들어낸 가장 강력하고 오래 지속된 정당의 창립자이자 지도자인 것이다. Bailey, p. 88.

산업화되는 것은 경계해야 한다고 믿었다.30) 이러한 제퍼슨의 정치철학이 상공업을 중시하는 해밀턴과 마찰을 일으키는 것은 예견된 것이었다.

연방파와 공화파의 이러한 차이는 지지자의 차이를 가져왔다. 연방파나 공화파 모두 계층을 아우르며 지지자를 확보하고 있었지만, 지역적·경제적으로는 차이가 있었다. 연방파는 북동부의 상업 중심지와 찰스턴 같은 남부의 항구 도시에 가장 많이 몰려 있었다. 반면에 공화파는 남부와 서부의 농촌 지역에 가장 많이 산재해 있었다.31)

1792년, 두 번째 대통령 선거를 치를 시기가 다가오자 제퍼슨과 해밀턴은 워싱턴에게 재출마를 권했고 워싱턴은 마지못해 수락했다. 두 정파 모두 워싱턴에게 존경을 표하기는 했지만, 실제로 워싱턴 자신은 공화파보다는 연방파에 더욱 공감했다.32) 선거에서 워싱턴은 물론 대통령에 재선되었다.

워싱턴의 두 번째 임기 중에는 외교정책을 둘러싸고 국론이 크게 분열되었다. 국내문제에 대한 인식의 차이로 연방파와 공화파는 이미 대립하고 있었는데, 이에 덧붙여 외교문제를 둘러싼 논쟁까지 불거지면서 연방파와 공화파의 또 다른 대립이 생겨났던 것이다. 연방파와 공화파의 철학적 차이는 무엇보다 프랑스혁명의 상황 전개에 대한 반응에서 가장 두드러졌다. 1790년대에 프랑스혁명이 과격화되자 연방파는 공포를 드러냈다. 반면 공화파는 혁명을 통해 민주주의적, 반(反)귀족주의적 정신이 분출되고 있다며 프랑스혁명을 열렬히 찬양했다.33)

1789년에 프랑스혁명이 발발하자 처음에는 미국정부와 국민 모두가 대혁명에 동정적인 입장을 취했다. 그러나 대혁명이 나날이 과격해지면서 혁명정부가 1793년 1월에 국왕 루이 16세를 단두대에서 처형하자, 유럽의 군주국들은 큰 충격을 받았다. 이에 영국을 비롯한 대부분의 유럽국가들이 대불동맹을 결성하게 되었다. 이처럼 영국과 스페인이 프랑스혁명에 적극적으로 간섭하고 나서자 미국의 국론은 분열되었다.

주 프랑스 공사로 프랑스에 5년 넘게 거주했던 친프랑스적인 제퍼슨은 프랑스를 강력히 지지하고 나섰다. 그는 1778년에 미국과 프랑스가 맺은 동맹조약을 존중한다면 미국이 독립을 성취하는 것을 도와준 프랑스를 위해 전쟁에 참여해야 한다고 주장했다. 이와는 반대로 영국과의 경제적 우호관계가 지속되기를 희망하는 친영국적인 해밀턴파는 1778년의 조약이 프랑스 국왕과의 조약이므로 무효라고 주장했다. 해밀턴은 프랑스혁명의 과도함이 인간의 존엄성을 해쳤으며, 영국이 그러한 과도함으로 인해 생겨난 무질

서에 대항해서 투쟁하고 있다고 보았던 것이다.34)

사실 제퍼슨과 해밀턴은 프랑스혁명이 일어나기 전부터 각각 친프랑스적, 친영국적 성향을 보이고 있었다. 해밀턴은 영국을 국가정치의 전범(典範)으로 삼고 있었다. 영국의 의회제도를 존경하고, 이를 모델로 해서 새로운 정부를 구성하려 했던 해밀턴은 제헌회의에서 종신대통령과 상원의원으로 구성된 강력한 정부를 옹호했다. 영국의 재정제도, 특히 영국은행에 찬사를 보냈던 그는 중앙은행의 설립을 제안했다. 중앙은행은 정부가 주식의 1/5을 소유하여 연방정부의 자금을 취급하기 위한 것이었다. 의회에서 해밀턴의 대담한 재정 법안들을 지원하는 연방파에 맞서서 반대파는 1792년에 공화파의 기치 아래 점진적으로 연합했다. 근대사에 있어서 사실 최초의 전국적 정당을 구성했던 연방파는 반대파를 반연방파 또는 자코뱅으로 낙인찍었고, 반대로 공화파는 연방파를 반공화파, 왕당파라고 불렀다.35)

워싱턴 대통령은 국무장관 제퍼슨의 견해를 이해하기는 했지만, 아직은 국력이 약한 미국이 영국이나 스페인을 상대로 전쟁을 벌인다는 것은 국익에 불리하다고 판단했다. 어찌되었든 유럽의 전쟁에 끼어들어서는 안 된다고 생각한 워싱턴 대통령은 해밀턴의 손을 들어주었다. 워싱턴은 1793년 4월에 중립선언(Neutrality Proclamation)을 공포하는 동시에

혁명으로 생겨난 프랑스공화국을 승인했다. 워싱턴과 해밀턴의 입장에서 보면 중립선언은 미국시민들에게 프랑스혁명 전쟁에서 그들이 적극적으로 어느 편을 들 경우에 그들이 직면하게 될 법적 위험에 대해 알리는 것에 불과했다. 그러나 제퍼슨은 이 선언을 미국의 외교정책을 수립할 의회의 권한에 대한 침해로 간주했다. 만일 미국이 프랑스의 우방국에서 벗어나 중립국이 되려 한다면 그러한 결정을 하는 것은 대통령이 아니라 의회여야 한다는 것이다. 연방헌법은 그러한 권한을 의회에 부여했다고 제퍼슨은 주장하고 나섰다.36)

워싱턴이 그 후에도 외교문제에서 국무장관인 자신보다도 재무장관인 해밀턴의 견해를 존중하는 등, 거의 모든 정치적 업무에서 해밀턴에게 크게 의존하자 제퍼슨은 이해 12월 31일에 국무장관을 사임하고 고향인 몬티셀로로 돌아갔다.

사실 해밀턴과 제퍼슨 사이의 적대감은 1792년 여름쯤에는 이미 확고했다. 해밀턴에 대한 제퍼슨의 적대감은 제퍼슨이 워싱턴에게 보낸 한 편지에 잘 드러나 있다. 이 편지를 보면 제퍼슨은, 해밀턴의 재정정책이 자유에 역행하는 원칙에서 비롯되었으며, 의원들에 대해 재무부의 영향력을 행사함으로써 미국을 저해하고 무너뜨리기 위해 계획된 것이라고 확신하고 있었다.37)

물론 제퍼슨에 대한 해밀턴의 적대감도 이에 못지않았다. 워싱턴 대통령은 이들 두 장관에게 편지를 써서 이들의 불화를 개탄했지만, 사태가 악화되는 것을 막지는 못했다. 1792년 가을, 해밀턴은 제퍼슨을 공직에서 몰아낼 목적으로 신문에 익명으로 제퍼슨을 공격하는 시리즈물을 게재했다. 제퍼슨은 신문을 통해서 논쟁을 벌이는 것은 자제했다. 하지만 1793년 초에 해밀턴의 재정정책을 거세게 비난하는 결의안이 제출되었는데, 제퍼슨은 아마도 이 결의안을 기초하는 과정에서 모종의 역할을 했을 것이다. 그럼에도 워싱턴 대통령은 두 사람 다 높이 평가했다. 그리고 두 사람 다 공직에 계속 있어주기를 원했다. 제퍼슨은 워싱턴의 요청을 받아들여 1973년 마지막 날까지 공직에 머물렀다.[38]

38) Malone, 77, pp. 28-29.

야인(野人) 제퍼슨

제퍼슨은 1793년 말, 워싱턴 내각에서 사임한 뒤 1796년에 부통령으로 당선될 때까지 공화파의 선두주자로서의 역할을 떠맡지 않았다. 제퍼슨은 물론 정당의 지도자였지만 몬티셀로에 은거하고 있으면서, 공인으로서의 생활에서 벗어나서 자신의 다른 여러 가지 관심사를 추구하고 싶어 했다. 제퍼슨은 우선 몬티셀로를 개축하는 작업을 시작했다.

그리고 작물의 돌려짓기를 통해서 황폐화된 토지를 다시금 경작지로 만들려고 노력했는데, 그 바람에 책을 읽거나 공부를 하는 시간보다 농사일에 몰두하는 시간이 더 많아졌다. 또한 방앗간과 못 공장을 짓는 등 여러 가지 잡다한 농장 일을 부지런히 해냈다.[39]

제퍼슨의 재정 상태는 여전히 호전될 기미가 보이지 않았다. 그가 공직에 있는 동안에는 주로 봉급으로 생활을 하고, 농장에서 나오는 수익은 빚을 갚는 데 썼지만 그가 예전에 진 빚을 갚기에는 충분하지 않았다. 게다가 1795년에는 새로운 채무가 생겨났다.[40]

은퇴한 제퍼슨은 자기 대신으로 제임스 매디슨을 내세우고 그를 강력히 지지하여 그에게 정치적 발판을 마련해 주었다. 그리하여 매디슨이 민주공화파의 가장 명백한 지도자로 부각되었다.[41] 하지만 그렇다고 해서 제퍼슨이 정치적으로 완전히 손을 놓고 있었던 것 같지는 않다. 제퍼슨은 몬티셀로에 있으면서도 워싱턴과 해밀턴에 대한 정치적 대립을 총지휘한 것으로 알려져 있다.

당시 미국은 워싱턴의 중립선언으로 매우 가혹한 시련을 겪고 있었다. 프랑스를 굴복시키기 위해 노력하고 있던 영국해군은 1794년 초, 프랑스령 서인도 제도에서 무역에 종사하던 수백 척의 미국 선박을 나포했다. 영국이 미국과 프랑스의 교역을 공해상에서 계속 방해하자 한때 미국에서는 영국과의 전쟁에 찬성하는 여론이 생겨나기도 했다. 친프랑스적인 제퍼슨파는 영국과 전쟁을 다시 해야 한다고 외쳤다. 전쟁은 곧 영국산 제품 수입의 중단을 의미하는 것이었는데, 해밀턴이 구축한 재정 체계를 유지하기 위한 세입의 대부분은 수입 관세와 관련되어 있었다. 해밀턴을 비롯한 연방파는 위기를 타개하기 위한 해결책을 모색했다. 그러나 국무부를 신뢰할 수 없었다. 국무부는 제퍼슨의 후임 장관인 열렬한 친프랑스적 인물 에드먼드 랜돌프(Edmund Randolph)가 장악하고 있었기 때문이다. 그리하여 워싱턴 대통령을 설득해 영국에 특사를 파견하고 해결책을 협의하도록 했다. 연방 대법원장 존 제이가 특사로 임명되었다. 제이는 최근 영국이 미국 선박에 가한 공격 행위에 대한 보상을 확실하게 약속받고, 미국의 변경에 주둔하고 있는 영국 군대의 철수를 요구하며, 영국과의 통상 조약에 대해 협의할 것을 지시받았다. 1794년, 제이는 영국과 오랜 시간 협의 끝에 복잡한 내용의 조약을 체결했으나, 일련의 목적을 성취하는 데는 실패했다. 그러나 이 조약으로 영국과의 갈등이 해소되어 전쟁을 피할 수 있는 길이 열렸다. 그 결과 미국은 아메리카 대륙 북서부 전 지역에 대한 통치권을 분명하게 인정받았으며, 무역상 중요한 국가와 만족할 만한 적정선에서 통상관계를 맺을 수 있게 되었다. 그럼에도 불구하고 조약의 내용이 미국에 알려지자 거센 비판이 쏟아졌다. 제퍼슨의 공화파는 이 조약이 해양에서의 미국의 권리를 인정하지 않는다는 이유로 거세게 반대했다. 그들은 조약을 파기하기 위해 상원에서 여러모로 노력을 기울였다. 좋지 못한 평화라도 파괴적인 전쟁보다는 낫다고 생각한 워싱턴은 이 조약을 지지하고, 가까스로 상원을 통과시켰는데 이것이 곧 제이 조약(Jay's Treaty)이다.[42] 　42) Bailey, p. 52 ; Brinkley, pp. 206~207.

이처럼 워싱턴은 1794년 11월에는 영국과 제이 조약을 맺고, 이듬해 10월에는 스페인과 핑크니 조약을 맺음으로써 자신의 중립정책을 관철해갔다. 하지만 중립정책을 둘러싸고 국론이 분열되면서 공화파와 연방파의 대립은 점점 더 격렬해졌다. 제이조약을 두고 일어난 소동은 양당제도가 최종적으로 구체화되는 실마리를 제공했다. 워싱턴은 이러한 사건의 변화로 몹시 괴로워했다. 당파에 초연하기 위해 노력하던 그는 1796년 9월에 필라델피아에서 발간되는 한 신문에 연설문을 기고했다. 워싱턴의 '고별사(Farewell Address)'로 알려져 있는 이 글에서 우선 그는 세 번째 대통령 선거에 출마하지 않는다는 것을 분명히 했다. 이어 그는 정당의 해악에 대해서 경고하고 나섰다. 그는 어떤 특정 외국을 지지하는 격렬한 도당이 된 국가는 어떤 의미에서는

그 국가의 노예와 같다고 주장했다.[43]

> 43) Bailey, p. 33.

정당의 발생

정당의 해악에 대한 워싱턴의 이처럼 간곡한 경고에도 불구하고 연방파와 공화파의 대립은 수그러들 줄 몰랐다. 1787년에 헌법을 제정할 때만 해도 전혀 예상하지 못했던 정파가 왜 10년도 못 되어 생겨난 것일까? 역사학자 앨런 브링클리(Alan Brinkley)에 따르면, 연방파와 공화파 사이에는 어떤 정부가 이상적인 정부인가를 둘러싸고 근본적인 철학적 차이가 존재했다는 것이다. 브링클리의 설명을 들어보자.

미국 헌법 제정자들은 일련의 타협을 통해 많은 논쟁을 해결했다. 헌법이 '타협의 묶음'이라고 불릴 정도였다. 그러나 타협의 내용은 애매모호했고, 그 결과 의견차이가 계속 남아 새 정부를 괴롭혔다. 미국 헌법을 둘러싼 논쟁의 핵심에 자리 잡은 근본적인 철학적 차이가 1790년대에도 논쟁의 핵심에 자리했다. 한쪽에는 미국인들이 강력한 중앙정부를 요구한다고 생각하는 힘 있는 집단이 있었다. 그들은 중앙집권적 권위와 정교한 상업경제를 갖춘 진정한 국민국가가 되는 것이 미국의 사명이라고 믿었다. 다른 한쪽에는 보다 온건한 중앙정부를 지향하는 집단이 있었다. 그들은 미국이 고도의 상업화나 도시화를 열망해서는 안 되며, 농본적이며 전원적 상태로 유지되어야 한다고 생각했다. 중앙집권의 주창자들은 연방파로 알려졌고 알렉산더 해밀턴의 지도력에 끌렸다. 그 반대자들은 공화파라는 명칭을 얻었고 토머스 제퍼슨과 제임스 매디슨의 지도 아래 결집했다.[44]

그렇다면 이러한 정당정치는 구체적으로 언제, 어떻게 시작되었는가? 역사학자 애플비는 프랑스혁명의 와중에서 루이 16세가 처형된 1793년을 미국 정당정치의 원년(元年)으로 잡고 있다. 애플비의 설명을 정리하면 다음과 같다.[45]

44) Brinkley, p. 286.

45) 이하 정당의 발생에 관한 설명은 Appleby, pp. 20-25를 참조.

자신이 워싱턴 행정부의 정책으로부터 소외되고 있다고 느낀 제퍼슨은 대중에게로 다가갔는데, 이것이 바로 정당정치의 시작을 알리는 것이었다. 정치가가 일반 민중에게로 나아간다는 것은 당시로서는 결코 흔한 일이 아니었다. 당시에는 공직을 보유한 사람은 자신들의 임무를 비밀리에 처리하고 단지 선거 때에만 유권자에게로 나아가는 것이 일반적인 관행이었다. 즉, 200년 전에는 투표권과 정치 참여라는 것이 동일한 것이었다. 그러므로 선거 때가 아닌 때에 유권자들과 소통한다는 것은 유권자들이 전에는 결코 가지지 못했던 정치적 역할을 유권자들에게 부여하는 것이었다.

그런데 당시 연방파가 정치에 대해서 가지고 있던 생각

은 이와는 정반대되는 것이었다. 연방파는 보통 사람은 자신보다 우월한 사람의 정치적 견해를 존중해야 한다고 믿었다. 엘리트 지도자인 그들이 보기에는 독립전쟁 시에는 민주주의가 도를 넘었다. 이제 헌법이 제정되어 각 주의 일반 대중이 더 이상 국정을 담당하지 않으니 다행이었다. 요약하면, 그들은 민중은 단순히 투표만 하며, 공직자는 민중으로부터 일부러 거리를 두어야 한다고 생각했다.

새로운 정치적 협력자를 찾으려고 했던 제퍼슨에게 때마침 일어난 사건이 바로 루이 16세의 처형이었다. 1793년 1월, 프랑스혁명의 와중에서 루이 16세가 처형되자 이에 발맞추어 미국에서도 새로운 급진세력이 정치 전면에 등장했다. 이들 새로운 정치 참여자들은 프랑스혁명의 자유, 평등, 형제애라는 구호 아래 집결했다. 제퍼슨은 자신의 정치적 동료인 매디슨과 더불어 정부의 방향을 바꾸기 위한 운동을 전개했다. 그 방법은 연방파를 선거를 통해서 공직에서 내모는 것이었다.

루이 16세의 소식에 뒤이어 1793년에 들려온 또 하나의 소식은 프랑스 공화국이 미국에 파견한 최초의 사절인 에드몽 샤를 주네(Edmond-Charles Genet) 공사가 미국에 도착했다는 것이었다. 그는 찰스턴에 상륙해서 당시 미국정부가 있던 필라델피아로 동부 해안을 따라 올라오고 있었다.

그런데 주네가 북쪽으로 이동하는 데 따라서 프랑스를 지지하는 사람들이 클럽과 신문을 통해서 비공식적인 정치적 네트워크를 형성했다. 이것은 완전히 새로운 현상이었다. 그들은 악명 높은 프랑스 쟈코뱅의 공포 정치를 모방했다. 예를 들면 필라델피아 민주협회는 독립기념일로부터 연호를 세기로 결의를 했다. 예를 들면 그 협회의 총무는 미국독립 18년 하는 식으로 연호를 세었던 것이다. 그리고 회원들은 프랑스인이 사용한 호칭 그대로 서로를 시트와옌(citoyen, 시민)이나 시트와옌느(citoyenne, citoyen의 여성형)라고 부르기도 했고, 시민의 축제를 열기도 했다. 그리고 그들은 저녁 내내 워싱턴 대통령의 정책을 비판하느라 시간을 보내기도 했다.

그런데 제퍼슨이 이러한 젊은 급진파들을 기꺼이 주도하려 했으니, 당시 연방파의 정치적 관점에서 볼 때 이것은 순전히 미친 짓이었다. 이러한 사건들을 통해서 연방파와 공화파는 서로에 대해서 놀라움을 느꼈고, 이러한 놀라움은 얼마 안 가 분노와 노여움으로 바뀌었다. 그들은 오랜 기간 동안 식민지 아메리카의 독립이라는 거창한 과업을 위해서 서로 단결했기 때문에 자신들이 얼마나 서로 다른지를 전혀 몰랐던 것이다.

1793년에 워싱턴 대통령은 중립정책을 선언했다. 그러나 프랑스 공화국의 대의명분을 열렬히 지지하는 민중들은 이러한 결정에 반발해서 자신들의 신념을 선언하는 집회를 열었다. 이 새로운 정치형태에 연방파는 최악의 두려움을 느꼈다. 처음에는 프랑스 공화국에 대한 동정 내지는 공감의 확산으로 시작된 것이 이제는 미국의 외교정책을 둘러싼 투쟁으로 변질되었기 때문이다. 국내 정치든 외교든 간에, 이제는 어떠한 정책도 공화파의 거센 반대를 피해갈 수가 없었다.

당시 미국의 상업은 엄청나게 팽창하고 있었다. 유럽의 전쟁을 틈타서 미국의 상인들이 중립국 선박으로써 벌어들이는 이윤이 미국의 번영을 가져오고 있었다. 이러한 번영으로 도로가 건설되고, 우편서비스가 확대되고, 지방의 정당지가 창간되고 있었는데, 이러한 의사소통의 네트워크를 통해서 연방파에 대한 대중의 비판이 급속히 확산될 수 있었다. 중립과 조약체결을 둘러싼 견해 차이에서 시작된 연방파와 공화파의 대립은 얼마 안 가서 언론의 자유, 그리고 민중의 정치참여를 둘러싼 더 큰 논쟁으로 바뀌었다. 연방파는 일단 투표가 끝나면 시민들은 선출된 관리들이 통치할 수 있도록 내버려 두어야 한다는 주장이었고, 반면 제퍼슨파는 인민주권론을 주장하면서 인민이 활발하게 정치에 참여할 권리를 주장했던 것이다.

미국의 이 새로운 시민들은 술집과 찻집에 모여서 열심히 신문을 읽고, 얼마 안 되는 지식으로 무장을 하고 공공 정책에 대해서 격론을 벌였다. 이처럼 일반 유권자들이 하루하루의 정치적 문제에 참여해야 한다는 주장은 매우 새로운 것이었다. 이제 젊은이들은 프랑스혁명의 일련의 사건들에 도취되어 클럽을 조직해서 저녁마다 모여서 여러 가지 정치적인 문제를 토의하며 시간을 보냈다. 워싱턴 대통령의 위신이 아무리 높다고 해도 일반 국민들의 인식을 예전의 인식, 즉 국가를 통치할 책임은 그들의 지도자에게 남아있어야 한다는 인식으로 되돌릴 수는 없었다.

그런데 이 시기에 미국의 행정부를 장악하고 있는 사람들은 사회적으로 보수적이고 지적으로 전혀 모험을 시도하지 않는 그러한 사람들이었다. 이들 연방파가 가장 소중히 여기는 것은 개인의 자유였다. 그들에 따르면 자유의 선행조건은 질서였으며, 사물을 제대로 판단할 줄 아는 시민들에 의해 선출된 신사들만이 그러한 질서를 보전할 수 있다는 것이었다.

이때부터 1790년대 내내, 제퍼슨을 중심으로 한 공화파는 외교정책 및 헌법에 대한 서로 다른 견해를 기반으로 해서, 해밀턴과 그의 동료 연방파에 대한 정치적 싸움을 해나갔다. 제퍼슨이 이해하기로는, 해밀턴은 헌법을 파괴하려고 작정을 한 군주제 지지자였다. 해밀턴은 주정부보다는 연방정부를 선호했으며, 연방정부 내에서는 의회보다 대통령을 선호했다. 반면 공화파는 그 반대였다.46)

46) *EC*, p. 394.

1790년대 공화파와 연방파의 원칙이 얼마나 달랐는가를 좀 더 구체적으로 살펴보자. 우선 1790년대의 공화파는 헌법에 대한 협의의 해석의 원칙을 고수했다. 예를 들면 공화파는 연방은행이 상비군보다 더욱 위험하다면서, 헌법이 연방은행에 대해 명시하지 않았기 때문에 어떠한 은행도 설치될 수 없다고 주장했다. 반면에 해밀턴파는 헌법의 '느슨한 해석' 또는 '함축된 권한'에 호소하여 은행과 다른 중앙집권적인 법안을 정당화하였다.

제퍼슨파는 국가부채를 불행과 부담으로 간주했다. 국가의 부채는 가능한 최소한도로 유지하고 가능한 빨리 청산되어야 한다는 것이다. 반면에 해밀턴파는 대규모의 국가채무도 만약 적절히 운영된다면 재해가 아닌 축복이 될 것이라고 하였다.

제퍼슨파는 연방파의 과다한 세금부과를 비판하고, 세금부담을 낮출 것을 촉구했다. 특히 위스키에 대한 소비세를 비난했는데, 이는 위스키세가 서부 지방의 농민에게 큰 부담이 되기 때문이었다. 제퍼슨파는 판매세가 평민의 필수품에 부담을 주는 것, 즉 '가난한 자들을 착취하는(soak-thepoor)' 방안이라면서 반대했다.

제퍼슨파는 작은 정부, 특히 최소한으로 통치하고 소비하는 정부가 최상의 정부라는 원칙을 지니고 있었다. 이들에게 있어서 중앙정부의 권위는 필요악이었다. 이들은 각 주와 중앙정부가 피지배자와 납세자들의 감시하에 대부분의 통치와 지출을 실행하며, 가능한 최소한의 범위 내에서 연방정부의 관료정치를 유지할 것을 주장했다. 반면에 연방파는 거대한 정부에 집착했다. 이들은 관료주의는 두려워할 필요가 없으며, 관료주의가 오히려 연방정부의 기초를 강화할 것이라고 믿었다.

제퍼슨파는 연방정부가 가지고 있는 권한은 입법부에 집중되어야 한다고 주장했다. 그들은 행정부가 왕정처럼 억압적으로 될 것을 우려한데다 의회, 특히 하원이 민중에 보다 가까운 것이라고 생각했기 때문이다. 반대로 연방파는 입법기관을 희생하여 행정부의 권한을 강화해야 한다고 믿었다.[47]

47) Bailey, pp. 28-30.

1796년의 대통령 선거

두 번의 임기를 마친 조지 워싱턴은 대통령선거에 입후보하지 않기로 결정했다. 공화파의 가장 확실한 대통령 후보는 물론 제퍼슨이었다. 하지만 연방파는 후보선정에 어려움을 겪었다. 연방파의 지도자인 해밀턴은 평판이 좋지 못했다. 해밀턴은 일찍부터 유부녀인 마리아 레이놀즈(Maria Reynolds)와의 염문설이 나돌았다. 그러던 중 마리아의 남편 제임스 레이놀즈(James Reynolds)는 협박 및 사기죄로 체포되게 되자 고위 공직자의 부패를 폭로하겠다면서 공화파인 제임스 먼로(James Monroe)와 애런 버(Aaron Burr)에게 접근했다. 먼로와 버는 해밀턴을 다그쳐 부적절한 관계를 시인하도록 했고, 이 일로 해밀턴은 1795년에 재무장관직을 사퇴했다. 또한 이 사건이 대중에게 알려져 해밀턴의 평판이 나빠졌던 것이다. 해밀턴은 이처럼 평판이 나쁜데다가 정적이 너무 많아서 대통령 후보가 될 수 없었다. 결국 연방파 중진회의는 존 애덤스를 대통령 후보로 지명했다.

미국사에서 최초로 거행된 양당제에 의한 대권경쟁에서 애덤스는 선거인단 투표를 통해 제퍼슨을 3표 차(애덤스 71표, 제퍼슨 68표)로 누르고 가까스로 승리함으로써 대통령에 당선되었다. 제퍼슨은 반대당 소속임에도 불구하고 차점자로 부통령에 당선되었다. 대통령과 부통령이 반대당에서 선출되는 이 기이한 사태는 어떻게 생겨났는가?

거기에는 두 가지 이유가 있었다. 우선은 당시의 선거제도 때문이다. 헌법에 따라 1796년 선거에서는 대통령 선거인이 두 표를 서로 다른 사람에게 행사해서 최다득표자가 대통령, 차점자가 부통령이 되었던 것이다. 앞에서도 설명했듯이 이 제도는 정당을 고려하지 않고 고안된 것이었다. 왜냐하면 헌법제정자들은 정당이 파당을 조장한다고 생각했기 때문이다. 이 기묘한 선거제도는 1804년에 헌법 수정 조항 제12조에 의해 개정될 때까지 지속되었다. 이후에야 대통령과 부통령은 각기 분리된 투표를 통해 선출되었던 것이다.

둘째는 해밀턴의 사전 공작이 작용했기 때문이다. 연방파는 애덤스를 대통령으로, 사우스캐롤라이나 출신의 토머스 핑크니(Thomas Pinckney)를 부통령으로 선출할 계획이었다. 그러나 애덤스가 감정적으로 불안정해서 대통령감이 못된다고 생각하던 해밀턴은 선거인단 투표에 영향력을 행사해서 핑크니를 대통령으로, 애덤스를 부통령으로 만들려고 했다. 해밀턴은 북부의 선거인에게는 애덤스와 핑크니에게 투표하도록 하고, 사우스캐롤라이나의 선거인에게는 제퍼슨과 핑크니에게 투표하도록 했다. 이렇게 되면 핑크니가 애덤스보다 표를 많이 얻어 대통령이 되고, 애덤스는 부통령이 되는 데 그칠 것이라 생각했던 것이다. 그러나 해밀턴의 시도는 실패로 끝났다. 해밀턴의 의도를 알고 있었던 북부의 연방파가 애덤스에게는 투표했으나 핑크니에게는 투표하지 않았기 때문이다. 결국 핑크니는 3위에 그치

고, 2위를 한 제퍼슨이 부통령이 되었던 것이다.[48]

48) Stanley Elkins and Eric McKitrick, *The Age of Federalism*, New York: Oxford University Press, 1993, pp. 523–528.

애덤스는 전부터 해밀턴의 야망이 지나치게 큰데다 사생활이 추잡하다고 여기고 있었다. 해밀턴은 스캔들 때문에 1795년에 재무장관직에서 물러났는데, 그렇다고 해서 그가 완전히 정치에서 손을 뗀 것도 아니었다. 변호사 업무를 다시 시작한 해밀턴은 여전히 조언자 겸 친구로 워싱턴 대통령 가까이에 남아있었다. 그는 워싱턴이 고별연설을 작성하는 데도 영향을 미쳤다. 워싱턴과 그의 각료들은 이따금씩 해밀턴의 자문을 받기도 했다. 애덤스는 이처럼 해밀턴이 워싱턴에게 영향력을 행사한 것도 모자라 대통령 선거에서까지 음모를 꾸미자 해밀턴을 혐오하지 않을 수 없었다.

2. 부통령 제퍼슨

49) 애덤스에 관한 자세한 전기가 우리말로 번역된 것으로는 마땅한 것이 없다. David McCullough, *John Adams*, New York: Simon & Schuster, 2001을 권한다.

미국의 제2대 대통령으로 선출된 존 애덤스는 어떤 인물인가?[49] 건국의 아버지 가운데 한 사람인 애덤스는 독립전쟁의 영웅이자 뛰어난 정치철학자였다. 그는 하버드대학에서 법학을 전공했으며, 제1, 2차 대륙회의에 매사추세츠 대표로 참석했다. 1776년에 그가 쓴 팸플릿

「Thoughts on Government」는 미국 정치사상의 고전으로서, 여기에서 그는 몇 개의 서로 다른 국가 기관이 중앙정부의 토대를 구성할 것을 요구하는 혼합정부론(mixed theory of government)을 옹호했다. 미국에서 양원제 의회와 권력분립사상이 발전한 것은 애덤스에 힘입은 바가 컸다. 그는 네덜란드 및 프랑스 주재 외교관으로도 근무했으며, 벤저민 프랭클린과 함께 영국과의 평화조약을 체결한 주역이기도 하다. 1788년에 초대 부통령으로 선출되었으며, 1796년 선거에서 워싱턴의 뒤를 이어 제2대 대통령에 선출되었다.

애덤스는 워싱턴이라는 거인의 전철을 철저히 밟아, 워싱턴의 내각을 그대로 유지했으며 워싱턴의 중립정책을 추구했다. 애덤스의 정치적인 신념은 떠들썩한 민중의 정치 참여는 전적으로 불필요하다는 것이었다.[50] 애덤스가 대통령으로 재임한 시기는 프랑스혁명에 대한 간섭전쟁인 영프전쟁으로 소란스러웠던 시기였는데, 부통령인 제퍼슨은 대통령 애덤스를 도와주기는커녕, 애덤스의 정책을 방해하고 반대하는 데 앞장섰다. 이들이 한 나라의 대통령과 부통령임에도 불구하고 서로 대립하게 된 직접적인 계기는 외교문제 때문이었다. 앞에서도 이야기했듯이, 프랑스혁명이 급진화되면서 대혁명에 대한 유럽의 간섭전쟁이 일어났다. 영국과 프랑스 사이의 전쟁으로 인해 중립국인 미국의 피

50) Appleby, p. 25.

해가 컸는데, 이에 대해 어떻게 대응할 것인가를 두고 애덤스와 제퍼슨은 전혀 다른 입장을 취했다. 그리하여 영프전쟁의 와중에서 외교문제를 둘러싼 격렬한 논쟁이 벌어지게 되었다.

XYZ 사건과 준(準)전쟁

존 애덤스

워싱턴의 영웅다운 위상이라든가 고고한 위엄이 부족한 애덤스로서는 대통령 임기 처음부터 곤경에 빠졌다. 프랑스와의 외교관계가 악화되었고, 그 와중에 XYZ 사건이 일어났다. XYZ 사건이란 애덤스 대통령이 프랑스와의 동맹조약을 갱신할 목적으로 파견한 3명의 미국 협상위원회에 대해 프랑스 협상대표가 차관 및 뇌물을 요구한 사건이다. XYZ 사건에 대해 좀 더 자세히 알아보자.

영프전쟁에서 미국이 과감하게 중립을 선언함으로써 악화되었던 미국과 영국의 관계는 1794년에 제이 조약을 체결하면서 개선되었다.[51] 하지만 대혁명의 와중에 있던 프랑스와의 관계는 급속도로 냉각되었다. 미국은 독립전쟁 중이던 1778년에 일찌감치 프랑스와 동맹조약을 체결했었

51) 스페인과의 관계는 제이 조약 이후에 체결된 핑크니 조약으로 개선되었다.

다. 당시 영국으로부터 독립하기 위해 힘겨운 싸움을 벌이고 있던 아메리카를 실질적으로 도와준 것은 프랑스뿐이었다. 프랑스는 그 당시 재정 상태가 좋지 않았는데도 불구하고 군대까지 파견해가면서 미국을 지원했다. 다시 말하면 프랑스와 미국은 영국이라는 공통의 적에 맞서서 함께 싸운 혈맹인 셈이다. 그럼에도 불구하고 영프전쟁에서 미국이 중립을 선언한데다가 1794년에는 미국이 영국과 제이조약까지 체결했던 것이다. 연방파 정부가 영국에 대해서 존중하는 것을 지켜본 프랑스정부는 미국이 자신들에 대해서 중립적이라기보다는 적대적이라고 믿게 되었다. 분노한 프랑스의 총재정부(1795.10.26~1799.11.9)는 미국의 외교사절을 받기를 거부했다. 1796년 12월, 파리에 도착한 미국의 신임 대사 찰스 코티스워스 핑크니(Charles Cotesworth Pinckney)는 프랑스정부로부터 인정을 받지 못했다. 또한 프랑스정부는 영국의 물품을 운송하는 미국 상선을 나포하겠다고 선언했다.[52]

이처럼 프랑스와의 관계가 어렵다는 것이 정치적으로 명백해지자 애덤스 대통령은 프랑스와의 관계 개선을 시도했다. 그는 초당적(超黨的)인 협상위원회를 구성해 프랑스로 파견했다. 1797년 미국 측 협상위원들이 파리에 도착했다. 이들이 협상에 들어가기도 전에 프랑스 외무장관 탈레랑

52) Appleby, p. 25.

(Talleyrand)이 보낸 3명의 협상대표들은 프랑스에 대한 차관과 관리들에 대한 뇌물을 요구했다. 이 사건을 보고받은 애덤스 대통령은 즉각 의회에 전쟁준비를 서두르라는 메시지를 보내는 한편, 프랑스가 미국의 협상위원들에게 협상을 시작하려면 뇌물을 달라고 요구했다는 것을 폭로해버렸다. 1798년 4월, 애덤스 대통령은 의회에 보고서를 전달하기 전에 프랑스 측 협상대표 3명의 이름을 지워버리고 대신에 X, Y, Z라는 익명을 적어 넣었다.53)

53) 이처럼 프랑스 측 협상대표 3명이 XYZ라는 익명으로 표기되었다는 것이 학자들 대부분의 견해이다. 그러나 애플비는 이때 파리에 간 미국 대표의 이름이 출판된 문서에서 XYZ로 불렸기 때문에 이 사건은 이후에 'XYZ 사건'으로 불리게 되었다고 주장한다. Appleby, p. 26.

이 보고서가 일반인들에게 공개되면서 이 사건은 이른바 'XYZ 사건'으로 널리 알려지게 되었다. 국민들은 프랑스의 행위에 분노하면서 이 사건에 대한 연방파의 대응을 강력히 지지했다. 한마디로 애덤스 대통령은 'XYZ 사건'으로 기회를 잡은 것이다. 이 일로 그는 열렬한 추종자 집단을 얻었고, 그 추종자 집단 덕택에 제퍼슨이 주도하는 공화파 및 의회 내 반대세력을 잠재우고 유례없는 정치적 성공을 거둘 수 있었다.54)

54) *EC*, pp. 8-9.

먼저 'XYZ 사건'으로 인해 발생한 준(準)전쟁(Quasi-War)에 대해 알아보자. 미국 협상위원에 대한 프랑스의 모욕적인 대우는 해상과 서인도제도에서 미국과 프랑스 간의 무력전쟁을 유발시켰는데, 공식적으로는 전쟁이 선포되지 않앉기에 이를 준전쟁이라 부른다. 일찍부터 프랑스 함대는 공해상에서 영국과 교역하는 미국 선박을 계속해서 나포했다. 프랑스해군이 미국의 운송업에 끼친 손실은 엄청났다. 1796년 7월부터 1797년 6월까지 11개월 동안 프랑스군은 316척의 미국상선을 나포했고, 이로 인해 미국의 운송보험료는 500% 정도 증가했다. 프랑스 함대가 공해상에서 미국 선박을 계속 나포하는데도 불구하고 미국은 아무런 대응도 하지 못했다. 미국에는 전함이라고는 없었기 때문이다. 1798년에 연방의회는 12척의 전함을 구축해 무장하는 것을 허가함으로써 해군부가 창설되었다. 1798년 7월 9일, 애덤스는 의회를 설득해 프랑스와 모든 무역을 중단하고, 미국 군함이 공해상에서 프랑스의 전함을 공격할 수 있는 허가를 받아냈다. 이로써 준전쟁이 시작되었고, 이후 미국과 프랑스는 거의 2년간 선전포고 없는 전쟁을 치렀다. 미국해군은 프랑스와 여러 번의 교전 끝에 프랑스 선박 총 85척을 포획하는 전과를 거두었다.

언제 프랑스와의 전면전이 터질지 모르는 위기상황에서 애덤스는 1798년 7월, 조지 워싱턴을 총사령관에 임명했고, 워싱턴은 이를 수락했다. 하지만 고향인 마운트버넌(Mt. Vernon)을 떠나고 싶지 않았던 워싱턴은 자신 대신에 해밀턴을 사령관 자리에 앉혀달라고 애덤스에게 부탁했다. 독립전쟁에서 자신의 부관을 지낸 해밀턴에 대한 워싱턴의 신뢰가 그만큼 컸던 것이다. 1799년 12월, 애덤스는 해밀턴과 사이가 좋지 않았지만 어쩔 수 없이 그를 육군 소장에 임명해 육군을 지휘하도록 했다.[55]

55) Bailey, pp. 33-34.

해밀턴은 이듬해인 1800년 6월까지 약 반년간 공식적으로 미국 육군 소장으로 복무하면서 프랑스와의 전쟁에 대비해서 육군을 발전시키는 데 기여했다. 해밀턴이 세운 전략은 프랑스와 전면전이 발발할 경우, 육군은 프랑스의 침입을 막아낼 뿐 아니라 프랑스의 동맹국인 스페인의 북아메리카 식민지를 정복하는 것이었다. 즉 그는 당시 미국과 접경하고 있는 스페인 식민지인 루이지애나와 멕시코로 진격해서, 이를 획득하는 것을 목표로 삼고 있었다. 해밀턴이 이 당시에 쓴 편지를 보면, 그가 루이지애나와 멕시코로부터 군사적 승리를 거두고 돌아올 경우에 제퍼슨파라고는 없는, '활력적인 정부(energetic government)'의 확립을 꿈꾸었다는 것을 알 수 있다. 해밀턴은 이 군비를 충당하기 위해서 직접 후임 재무장관인 올리버 월콧(Oliver Wolcott, Jr) 및 상하원 의원들에게 편지를 써서, 토지 대신 주택에 과세하는 직접세법안을 통과시켜 줄 것을 요청했고, 결국 이 법안은 통과되었다. 하지만 해밀턴의 이러한 꿈은 애덤스가 프랑스와 협상을 시작함으로써 모두 틀어지고 말았다.

애덤스 대통령은 미국을 프랑스와의 전면전 직전까지 몰고 간 후 주춤하더니 갑자기 프랑스로 또 다른 협상위원회를 파견했던 것이다. 이는 프랑스의 입장이 변화했기 때문인 것 같다. 미국 군함이 프랑스의 무장 선박을 포획하고, 미국이 영국과 긴밀한 공조 관계를 형성하자 나폴레옹이 장악한 새로운 프랑스정부, 즉 집정관정부는 보다 유화적인 외교적 입장을 취하기 시작했던 것이다. 1800년 9월 30일, 애덤스 대통령이 파리에 파견한 협상위원회는 새로운 프랑스정부와 조약을 체결했다. 이로써 1778년에 체결된 동맹조약 대신에 프랑스와 미국 사이에 새로운 통상협정이 체결되었다. 그 결과 미국과 프랑스 사이의 비공식적인 적대행위, 즉 준전쟁은 마침내 끝이 났다.[56] 56) Bailey, pp. 53-54.

프랑스와의 조약 체결로 준전쟁이 끝난 데 대한 반응은 정치적 입장에 따라 매우 달랐다. 해밀턴이 주도하는 주전파(主戰派)는 실질적인 상비군의 필요성을 주장하며, 준전쟁 때 부분적으로 이를 조성했었다. 해밀턴파는 프랑스와의 전쟁을 통해서 친프랑스적인 제퍼슨파를 격파할 기회를 노리고 있었는데, 갑작스런 조약 체결로 그 기회를 박탈당하게 된 것에 분개했다. 한편 제퍼슨파는 상비군이란 언제나 독재자를 유발할 수 있다고 우려하는 입장이었다. 도발가능성이 있는 침략자를 물리치기에는 민병대로도 충분하다고 믿었던 제퍼슨파는 준전쟁 때에 사략선(전시에 적의 상선을 나포할 수 있는 허가를 받은 민간 무장선)과 연안의 군함으로 구성된 일시적인 해군으로도 상업과 연안을 보호하기에 충분하다고 주장했다. 준전쟁이 끝나자 제퍼슨은 프랑스와의 전쟁에 대비해 만들어진 새로운 상비군이 자신의 세력을 짓밟고 경찰국가를 수립할지도 모른다고 염려했다.[57]

57) Bailey, pp. 31, 33-34.

XYZ 사건으로 발발한 프랑스와의 준전쟁으로 가장 많은 이득을 본 건 애덤스 대통령과 연방파였다. 연방파는 프랑스와의 갈등 덕에 1798년, 연방의회에서 더욱 많은 의석을 확보했다. 그들은 제퍼슨이 이끄는 공화파의 입을 틀어막을 수단을 강구하기 시작했는데, 그 결과 외국인법과 선동방지법(Alien and Sedition Acts)을 제정했다. 역사가 브링클리에 따르면 이 외국인법과 선동방지법은 미국사에서 가장 많은 논쟁을 불러일으킨 법률이었다.[58]

58) Brinkley, p. 300.

외국인법은 미국 시민이 되려는 외국인들에게 새로운 장애가 되었고, 외국인과의 문제를 처리하는 데 있어 대통령에게 강한 권한을 부여한 것이었다. 선동방지법은 연방정부에 대항하는 '선동'에 가담한 사람들을 기소할 수 있는 권한을 연방정부에 부여한 것이다. 이론적으로는 중상·비방하는 행위나 반역행위만을 기소할 수 있었지만, 그러한 행위 자체에 대해서는 명확하게 정의하지 않았기 때문에 사실상 연방 정부에 반대하는 경우라면 어떠한 것이든 억압할 수 있는 권한을 부여한 셈이었다. 공화파는 이 새로운 법을, 자신들을 파괴시키려는 연방파의 정치공작으로 해석했다.[59]

그렇다면 이 법률은 어떻게 해서 제정되었는가? 건실한 공화국에는 조직화된 정당이 존재하지 않는다는 게 1790년대의 일반적인 생각이었다. 때문에 연방파는 강력하면서 명백히 영구적인 반대세력으로 공화파가 등장하자, 국가의 안정에 대한 심각한 위협으로 생각했다. 그래서 1790년대에 국제적 위기에 봉착했을 때, 정부는 이 '비합법적인' 반대세력을 강제로라도 제거해야 한다는 강한 유혹을 느끼게 되었던 것이다.[60]

[59] Brinkley, pp. 300-301.

[60] Brinkley, p. 58.

외국인법과 선동방지법에 대한 반대

애덤스 대통령은 새 법률에 서명했으나 시행에는 신중을 기했다. 외국인들, 특히 친제퍼슨 성향을 보인 급진적 프랑스계 이민자와 아일랜드의 이민자들은 추방의 위협을 받았으나 실제로는 어떤 외국인도 국외로 추방되지 않았으며,[61] 애덤스는 연방정부가 공화파에 대해 포괄적인 공세를 취하는 것도 막았다. 외국인법은 이민을 억제했고, 이미 들어와 있는 외국인들이 미국을 떠나도록 만들었다. 공화

[61] 국외로 추방된 사람이 한 명 있었다는 주장도 존재한다. Appleby, p. 27.

파와 연방파는 신문이 여론에 영향을 미칠 수 있으며, 여론은 자치국가에 있어서 강력한 세력이 될 수 있다는 데 동의했다. 하지만 대처방식에 있어서는 달랐는데 공화파는 자유 언론이 애덤스 행정부에 대한 자신들의 비판을 전달해 주리라고 믿었다. 하지만 자신들을 정당이라기보다는 정부라고 인식했던 연방파는 그들과는 다르게 대처했다. 즉, 정부에 대해서 거칠게 선동적으로 공격하는 신문들은 다 폐간되어야만 한다는 것이다. 애덤스 행정부는 선동방지법을 이용해 10명을 체포·기소했는데, 기소된 사람들은 대부분 공화파 신문편집인으로 죄라고는 정부 내에 있는 연방파 관료들을 비판한 것뿐이었다.[62]

[62] Appleby, p. 26 ; Brinkley, p. 301.

선동방지법은 헌법이 보장한 언론의 자유에 대한 커다란 위반이었다. 제퍼슨 부통령과 매디슨은 이 법안이 정적(政敵)이며 프랑스에 우호적인 공화파를 분쇄하고 일당독재를 수립하려는 시도라고 우려하였다. 또한 이 법안이 1776년의 원칙, 즉 미국혁명의 원칙에 거스르는 반혁명을 일으켜서 왕정을 복구하려는 시도라고 크게 우려하였다. 제퍼슨은 연방파의 보복을 피해 몬티셀로에 머물렀는데, 그곳에서 그는 공화파에게 연방에서 탈퇴하지 말라고 조언하면서 인내심을 강조했다. 하지만 공화파인 버몬트 주 하원의원 매튜 라이언(Matthew Lyon)이 이 법을 비판했다는 이유로 감옥에 갇히자 제퍼슨의 인내심도 마침내 바닥이 나고 말았다.63) 제퍼슨을 비롯한 공화파 지도자들은 분개해서 외국인법과 선동방지법을 무효화할 수 있는 방법을 강구하기 시작했는데, 이것은 버지니아-켄터키 결의안 (Virginia and Kentucky Resolutions)으로 나타났다.

63) Appleby, p. 27.

버지니아 결의안은 매디슨이 초안한 것으로 버지니아 주 의회가 승인하였고, 켄터키 결의안은 1798년과 1799년에 연이어 제퍼슨이 익명으로 작성한 것으로 켄터키 주 의회에서 채택되었다. 제퍼슨이 켄터키 결의안을 비밀리에 작성하고, 그 뒤로도 수십 년간 그가 작성했다는 사실을 숨긴 것은 그것이 부통령으로서 부도덕한 행위인데다가 선동방지법 아래에서 연방파에 의해 처벌받을 것을 두려워했기 때문이다.64)

64) Bailey, p. 35, 주 11.

이 결의안은 존 로크의 사상과 미국 헌법 수정 조항 제10조의 이념을 원용해, 연방 정부는 각 주의 '계약(compact)'에 의해 수립되었으며 위임받은 일정한 권한만 갖는다고 주장했다. 계약의 당사자인 각 주는, 연방정부가 주어진 권한을 넘어 월권행위를 한다고 판단될 때에는 언제든지 해당 연방법을 '무효화할 수 있는' 권한을 갖고 있다는 것이다.65) 버지니아-켄터키 결의안에서 제퍼슨 등은 이처럼 연방정부는 주들이 인정하지 않은 법안을 집행시킬 권한이

65) Brinkley, p. 301.

없다고 명시하였기에 이 결의안은 주의 권한을 보장하는 최초의 이론이 되었으며, 훗날 주권우위설, 주의 연방법 거부설을 만드는 원동력이 되었다.

사실 XYZ 사건으로 발발한 프랑스와의 준전쟁이 처음에는 애덤스 대통령과 연방파에게 유리하게 작용했다. 애덤스 대통령은 임시육군을 창설하고, 전함을 구축하고, 세금을 부과하고, 심지어는 외국인법과 선동방지법을 통과시킬 권한을 얻는 데 성공했다. 하지만 이 법은 매디슨과 제퍼슨으로 하여금 버지니아 및 켄터키 결의안을 쓰도록 만들었고, 그 결과 이 법이 언론의 자유를 침해하는 위헌적 법률이라고 보는 사람들이 여럿 생겨났다. 국민들은 자신들의 정치활동을 억압하는 정부를 미워했으며 군비 확충을 위해서 새로운 세금을 부과하는 정부를 미워했다.[66] 결국 외국인법과 선동방지법은 부메랑처럼 애덤스 대통령과 연방파에게로 다시 돌아오고 말았던 것이다.

제퍼슨을 비롯한 공화파는 버지니아-켄터키 결의안을 통해서 연방법의 무효화라는 개념에 대해서는 폭넓은 지지를 얻지 못했지만, 연방파와의 논쟁을 국가위기의 수준으로까지 끌고 가는 데에는 성공했다. 1790년대 말에는 미국 전역이 열정적인 정치논쟁으로 들끓었다. 주 의회는 때로 전쟁터를 방불케 했고, 연방의회조차 극단적인 의견 차이

66) *EC*, pp. 8-9 ; Appleby, p. 27.

로 홍역을 치러야 했다. 당시 하원에서 일어난 유명한 사건이 있었다. 코네티컷 주 출신의 연방파 로저 그리스월드(Roger Griswold)의 모욕적인 언동에 버몬트 주 출신의 공화파 매튜 라이언이 그리스월드의 눈에 침을 뱉은 것이다. 이에 그리스월드가 지팡이로 라이언을 강타했고, 라이언은 화로집게로 반격했다. 그리고 이내 뒤엉켜 바닥에 뒹굴면서 싸웠던 것이다.[67] 그렇다면 미국은 1790년대 말에 왜 이처럼 정치논쟁으로 들끓었을까? 이에 대한 역사학자 브링클리의 대답은 다음과 같다. 미국은 1780년대 말에 헌법을

67) Brinkley, pp. 301-302.

1798년 연방파 의원 그리스월드와 공화파 의원 라이언이 의회에서 난투극을 벌이고 있는 모습

작성하고 비준함으로써 새로운 공화국 수립과 관련된 일부 정치적 문제를 해결했다. 헌법에 따라 구성된 새 정부는 처음 12년 동안 그 밖의 정치적 문제들을 해결했다. 그러나 1800년까지도 미국의 미래에 대한 근본적인 이견이 여전히 해소되지 않은 채 남아 결국 정계에 심각한 분열과 갈등을 조장했다는 것이다.[68]

68) Brinkley, p. 305.

미국의 미래에 대한 근본적인 이견이란 과연 무엇일까? 미국의 미래에 대한 공화파와 연방파의 견해 차이가 워낙 크고 광범위해서 간단히 몇 마디로 요약될 수는 없겠지만, 그런대로 정리해보면 다음과 같다. 제퍼슨을 비롯한 공화파는 단순한 농본주의 사회를 미국의 미래로서 추구했다. 그들은 착실하고 독립적인 자영농들이 자유로이 행복을 영위하는 사회를 선호했다. 거기에는 유럽식 공장도 산업도 시도 도시의 폭도도 없었다. 그들은 또한 지방주의와 공화주의적 단순성을 찬양했다. 무엇보다도 엄격하게 권력이 제한된 작은 연방정부를 추구했던 것이다. 이와는 반대로 해밀턴이 이끄는 연방파는 상공업의 발전에서 미국의 미래를 찾았다. 또한 연방파는 중앙집권적인 강력한 중앙정부를 지향했다. 이 두 정파는 외교문제에 있어서도 입장이 전혀 달랐다. 흔히들 연방파는 영국에 우호적이었고 제퍼슨의 공화파는 프랑스에 우호적이었다고 비난하는데, 연방파와 공화파 모두 자국보다는 외국의 이익을 중요시했다고 믿기 때문에 이러한 주장이 나온 것 같다. 하지만 사실은 1790년대에 연방파는 반프랑스적, 친영적인 중립을 추구하는 것이 미국에 최대한의 이익을 가져다줄 수 있다고 확신했던 것이다. 반면에 공화파는 미국의 복지가 반영적, 친프랑스적인 중립에 의해 도움을 받을 수 있다고 확신했던 것이다.[69]

69) Bailey, p. 31 ; Brinkley, p. 300.

1800년의 대통령 선거

이처럼 치열한 정치논쟁의 한복판에서 1800년의 대통령 선거가 치러졌다. 대통령 후보로는 애덤스가 연방파 후보, 제퍼슨이 공화파 후보라는 점에서 4년 전인 1796년의 선거 때와 똑같았다. 공화파는 해밀턴의 출신지인 뉴욕 주의 표 분산을 위해 뉴욕 주 출신 애런 버(Aaron Burr, 1756~1836)를 부통령 후보로 지명했다.

애런 버

제퍼슨과 함께 공화당 후보로 지명된 애런 버는 누구인가? 그는 뉴저지 출신으로 대륙연합군 장교로 복무하였으며, 전역 후 뉴욕에서 변호사로 활동하였다. 1789년 9월, 뉴욕 주지사 조지 클린턴(George Clinton)에 의해 뉴욕 주 법무장관으로 임명되면서 정계에 입문하였다. 1791년 연방 상원의원으로 당선되었으나 1797년 재선에는 실패하였다. 1796년의 대통령 선거에서 공화파로 입후보했으나, 4위에 그치고 말았다. 1797년에는 뉴욕 주 의회 의원이 되었으나 1799년 4월에 낙선하여 그 자리마저 잃었다. 그러자 그는 이제까지 지방정치에서는 볼 수 없었던 철저한 정치적 조직력을 발휘하기 시작했다. 그는 뉴욕시에서 기존의 기술자 및 소세대주 협회를 이용, 강력한 정치기구를 만들어냈다. 이로 인해 예상과는 달리 공화파가 뉴욕 주 의회를 장악하게 되었는데, 이는 미국의 중심적 주인 뉴욕 주가 다가오는 대통령 선거에서 틀림없이 공화파 후보를 선택하리라는 것을 의미했다. 그리하여 공화파는 제퍼슨과 버를 정·부통령 후보로 결정했던 것이다.[70]

70) *EAR*, pp. 145-146.

애덤스와 제퍼슨이 양당의 대통령후보라는 점에서 후보는 4년 전과 똑같았으나 1800년의 선거전은 앞서 치른 선거전과는 매우 달랐다. 애덤스와 제퍼슨은 적절한 위엄을 갖추어 행동했다. 특히나 제퍼슨은 연설을 좋아하지 않아 대중 앞에서 선거운동을 하지 않았다. 하지만 양측 지지자들은 거리낌 없이 행동했다. 연방파는 제퍼슨이 매우 위험하고 급진적인 인물이며, 제퍼슨 추종자들이 권력을 장악하면 프랑스혁명과 비견될 만한 공포정치가 실시될 것이라고 흑색선전을 일삼았다. 또한 제퍼슨이 무신론자이고 (실상은 이신론자였다), 자신의 혼혈 사생아들을 경매로 팔아넘겼다고 비난했다. 공화파는 애덤스를 왕정복귀를 획책하는 압제자로 묘사하면서, 연방파가 인간의 자유를 파괴하고 국민을 노예상태로 몰아가려 한다고 비난했다. 또한 애덤스가 두 명의 첩을 사들였다는 터무니없는 비난을 하기도 했다.71)

1800년의 대통령 선거에서 가장 쟁점이 된 것은 외국인법 및 선동방지법이었다. 이 법이 독재정치에 너무 근접했다고 한다면, 한편으로 버지니아 및 켄터키 결의안은 거의 무정부상태에 가까운 것이었다. 일반 국민들은 연방파의 외국인법과 선동방지법에 대해서 이미 신물이 나 있는 상태였다. 더욱이 선동방지법은 공화파가 분노를 표출시키는 것을 멈추지는 못했다. 오히려 많은 인쇄업자들을 정치화시키는 계기를 마련했다. 1800년의 선거가 있던 해에 인쇄업자들은 앞다투어 신문사를 설립했고, 이것이 1800년 12월의 대통령 선거에서 제퍼슨이 애덤스를 누르고 승리할 수 있는 기반이 되었다.72)

하지만 선거에서 보다 큰 영향력을 미친 것은 해밀턴이었던 것 같다. 해밀턴은 1796년의 대통령 선거에 이어 이번에도 선거에 개입했다. 애덤스가 대통령감이 아니라고 믿은 해밀턴은 이 선거에서 정적인 제퍼슨뿐 아니라 자기 당 후보인 애덤스까지 낙선시키기 위해 두 가지 일을 벌였다.

하나는 해밀턴이 이번에도 자기 당 후보 가운데 애덤스 대신 핑크니에 대한 지지를 호소했다는 것이다. 이번 선거에 애덤스는 1796년의 대통령 후보였던 토머스 핑크니의 형인 찰스 코티스워스 핑크니(Charles Cotesworth Pinckney)와 같이 출마했는데, 해밀턴은 찰스 핑크니를 대통령으로 만들기 위해서 이번에도 뉴잉글랜드를 순회하며 북부의 선거인들에게 핑크니를 지지해달라고 요청했다. 또한 사우스캐롤라이나에서도 다시금 지난번과 비슷한 음모를 획책했다. 하지만 이에 맞서서 제퍼슨을 지지하는 유권자들은 연방파가 대통령으로 선출되지 못하도록 모두가 제퍼슨과 버에게 투표했다.

다른 하나는 해밀턴이 1800년 9월, 애덤스를 극도로 비난하는 팸플릿을 작성해 연방파 수백 명에게 보냈다는 것이다. 증오에 눈이 먼 나머지 해밀턴은 애덤스의 수많은 결점을 낱낱이 파헤치는 팸플릿을 개인적으로 인쇄했는데 이것이 제퍼슨파의 수중으로 들어가게 되었고, 제퍼슨파는 이것을 해외에서 출판했던 것이다.[73] 그 바람에 애덤스의 재선 운동은 타격을 입고, 연방파는 분열되었으며, 제퍼슨이

73) Bailey, p. 38.

이끄는 공화파가 선거에서 승리하게 되었다.

사실 핑크니를 대통령으로 만들려는 해밀턴의 계획은 연방파로부터도 맹렬한 비난을 받았다. 연방파끼리 힘을 합쳐도 모자랄 판에 해밀턴은 적 앞에서 연방파의 분열을 유도했고, 그 결과 정적인 제퍼슨을 당선시키는 결과를 가져왔다. 이로 인해 연방파 내에서 해밀턴의 위치도 무너지고 말았으니, 결국 해밀턴은 스스로 무덤을 판 셈이었다.[74]

선거 결과를 보면, 공화파인 제퍼슨이 연방파인 애덤스를 누르고 승리했지만 같은 공화파인 제퍼슨과 버가 똑같이 73표의 선거인단 표를 얻어 공동 1위를 했고, 찰스 핑크니는 4위에 그쳤다.[75] 어떤 후보도 선거인단 투표에서 과반수를 차지하지 못했기 때문에 대통령 결정권은 하원으로 넘어갔다. 하원에서는 각 주가 한 표씩을 행사해서 대통령을 선출하도록 되어있었다. 1800년의 선거 결과 새로이 구성된 연방의회는 공화파가 다수 의석을 확보했으나 대통령 취임 전에는 소집될 수 없었기에 하원은 아직 연방파가 다수를 차지하고 있었다.

하원에서의 대통령 선출은 쉽지 않았다. 당시 16개 주 가운데 단지 8개 주 대표만이 제퍼슨을 굳건하게 지지했기

---

74) 건국 초기의 미국 역사에서 애덤스와 해밀턴의 서로에 대한 증오는 이를 능가할 사례를 찾는 것이 불가능할 정도이다. 그들은 둘 다 '도시공동체적 인문주의자(civic humanists)'로서 공익의 추구를 지향했으나, 서로에 대한 증오로 공화주의자로서의 virtue 있는 삶을 실현하지 못했다. Stanley Elkins and Eric McKitrick, *The Age of Federalism: The Early American Republic, 1788-1800*, pp. 732-740.

75) 이 선거 결과로 인해 헌법수정조항 제12조가 제안, 비준되어 오늘날과 같은 대통령 선거 방식이 채택되었다.

때문에 제퍼슨이 선출되기에 충분한 표가 아니었다. 16개 주란 독립 당시의 13개 주에 버몬트, 테네시 그리고 켄터키가 합쳐진 것이다. 투표는 거의 3주간에 걸쳐서 35회나 이루어졌지만 결판이 나지 않았다.[76] 제퍼슨이 당선되는 데 반대하는 몇몇 연방파가 버를 지지하는 바람에 제퍼슨과 버, 누구도 다수표를 얻지 못한 채 시간만 흐르고 있었던 것이다.

아직은 연방파가 우세한 하원에서 해밀턴은 제퍼슨과 버, 두 명의 정적 가운데서 대통령을 골라야 하는 상황에 직면했다. 해밀턴은 같은 뉴욕 출신의 버가 신뢰성에 문제가 있기 때문에 대통령직을 맡길 수 없는 사람이라고 판단했던 것 같다. 결국 해밀턴은 버에게 대통령직을 맡기느니 차라리 제퍼슨을 대통령으로 당선시키기로 마음먹었다. 물론 해밀턴은 제퍼슨을 좋아하지 않았고 여러 쟁점을 둘러싸고 제퍼슨과 의견도 맞지 않았다. 하지만 최근의 연구 결과에 따르면, 제퍼슨의 자유 및 참여민주주의에 대한 외침이 특정한 정책을 시행하도록 정치인을 구속하는 행동계획이 아니고 순전히 이상(理想)이라는 것을 정적인 해밀턴이 누구보다도 분명하게 이해하고 있었다는 것이다. 그리고 이것이 해밀턴이 동료 연방파 의원들에게 버 대신 제퍼슨을 지지하도록 촉구한 까닭이었다고 한다.[77] 마침내 해밀턴은 하원에서 버가 대통령이 된다면

[76] Appleby, p. 10.

[77] Darren Staloff, *Hamilton, Adams, Jefferson: The Politics of Enlightenment and the American Founding*, p. 301.

독재정치의 길로 내달릴 것이라고 비판하며, 명망 높고 오랫동안 정치를 한 라이벌 제퍼슨을 대통령으로 선출하도록 조종했다.78) 1801년 2월 17일, 하원은 오랜 교착상태 끝에 제36차 투표에서 제퍼슨을 대통령으로, 버를 부통령으로 선포했다.

78) EAR, p. 146. 제퍼슨이 버를 제치고 대통령으로 선출될 수 있었던 데는 해밀턴의 역할이 결정적이었다는 통설과 다른 해석을 내놓는 학자도 있다. 애플비에 따르면 델라웨어의 유일한 대표이자 연방파인 제임스 베이어드(Bayard)가 버에 대한 지지를 접고 민중의 뜻을 따르기로 함으로써 공식적인 대통령 취임일을 겨우 2주 앞둔 3월 4일에 하원이 제퍼슨을 대통령으로 선출했다는 것이다. Appleby, p. 11.

1800년의 선거에서 제퍼슨은 미국사에서 최초의 정당적 정권교체를 이루었다. 제퍼슨의 공화파는 자기들의 승리를 거의 완벽한 것으로 받아들였다. 그들은 미국이 폭정에서 구원되었다고 확신했다. 연방파 패배가 갖는 중요성과 공화파의 미래에 대한 낙관적 전망은, 제퍼슨이 후에 자신의 당선 의미를 설명하는 데 사용하곤 하던 관용어에 잘 표현되어 있다. 제퍼슨은 이를 '1800년의 혁명'이라고 불렀던 것이다.79)

79) Brinkley, pp. 304~305.

하지만 이 선거 결과를 혁명으로 언급하기에는 제퍼슨은 너무도 근소한 차이로 승리를 거두었다. 제퍼슨은 선거인단의 위대한 반란 때문이 아니라 예기치 않은 환경 덕분에 승리할 수 있었다. 앞에서도 이야기했듯, 애덤스에 대한 증오로 눈이 먼 해밀턴이 애덤스의 수많은 결점을 설명하는 팸플릿을 인쇄했는데, 이 팸플릿이 제퍼슨파의 수중으로 들어가게 되었고, 제퍼슨파는 이것을 해외에서 출판했는데,

이것이 선거에 영향을 미쳤던 것이다.[80]

제퍼슨 자신도 사적인 자리에서는 애덤스에 대한 자신의 승리를 1776년의 혁명처럼 진정한 혁명이었다고 회고했을지도 모른다. 그러나 제퍼슨은 공식적인 자리에서는 회유적인 태도를 취하며 두 정파의 차이를 최소화하려고 했다. 그리고 한편으로는 격렬했던 선거전이 몰고 온 격정을 가라앉히려고 노력했다. 따라서 연방파의 정책에 대한 완전한 부정도, 진정한 '혁명'도 없었다.[81]

어찌되었든 1800년의 선거는 연방파를 영원히 백악관에서 축출하였다. 이후 정치적 실체로서의 연방파는 점진적으로 소멸되었다. 연방파는 왜 이토록 빠른 최후를 맞이했는가? 어떻게 해서 공화파가 승리할 수 있었는가를 아는 것도 중요하지만, 우리는 연방파가 패배한 이유에도 주목해야 한다. 연방파의 가장 중요한 자산인 조지 워싱턴은 1799년에 이미 사망하고 없었다. 남아있는 연방파의 두 거물인 해밀턴과 애덤스는 분열했다. 더욱이 정치전쟁에서 승리는 일시적이라는 점을 기억하지 못하고, 외국인법과 선동방지법에서 보듯이, 연방파는 승리의 시간에 복수를 시도했다. 연방파의 몰락에 마침표를 찍은 것은 1804년에 있었던 버와 해밀턴의 결투였다. 뒤에 자세히 설명하겠지만 이 결투에서 버가 해밀턴을 사살함으로써 연방파를 이끌

마땅한 인물은 이제 더 이상 존재하지 않았다. 연방파는 시대의 흐름에 맞추어 제대로 변화하지 못했는데, 이는 연방파가 보수적인데다 국민의 의지를 불신하고 하층계급을 두려워했기 때문이다. 정치학자 토머스 베일리(Thomas Bailey)는 이러한 연방파를 가리켜 한마디로 "19세기의 민주적 현실에 적응하지 못한 연방파들"이라고 불렀다.[82]

대통령 제퍼슨 3장

■ 대통령 제퍼슨 ■

1. 대통령 재임기(제1차 임기)

제퍼슨은 1801년 3월부터 제3대 대통령으로서의 업무를 시작했다. 정치학자 토머스 베일리는 제퍼슨이 이론적으로는 철학자인 동시에, 위엄 있는 책임감으로 무장하고 현실과 이상 사이에서 선택해야만 하는 실제적인 정치가이기도 했다고 지적했는데,[1] 대통령으로서의 제퍼슨을 묘사하는데 이보다 더 적절한 설명은 없을 것이다. 이상과 현실 사이에서 갈등하는 대통령 제퍼슨에 관해 하나씩 차근차근 이야기를 해보기로 하자.

1) Thomas Andrew Bailey, *Democrats Vs. Republicans: the Continuing Clash* (Meredith Press, 1968), 정성화·손영호 역, 『미국정당정치사: 민주 공화 양당의 발전과 대립의 역사』, 학지사, 1994. (이하 Bailey로 약함), p. 41.

제퍼슨의 취임사 가운데 유명한 구절은 "우리는 모두 공화파이며 동시에 모두 연방파"라는 대목이다. 제퍼슨의 말대로 1800년에 제퍼슨이 미국의 대통령으로 당선됨으로써 과연 그 지독했던 1790년대의 반목과 분열이 끝나고 미국 역사에서 새로운 장이 열렸는가? 1801년의 대통령 취임식에서 1790년대의 당쟁에 대해 이야기하면서, 제퍼슨은 정당 간의 다툼은 이제 지나갔다고 생각한다고 말했다. 제퍼슨이 보기에 해밀턴은 워싱턴의 큰 인기를 교묘히 이용해 거의 재난에 가까운 결과를 초래했었다. 하지만 이제 합의(consensus)에 도달했다는 것이다.[2]

2) *Encyclopedia of the U. S. Constitution*, Facts On File, Inc.: New York, 2009, ed. by David Schultz. (이하 *ECU*로 약함), p. 305.

그리하여 제퍼슨은 취임사에서 "우리는 모두 공화파이며

토머스 제퍼슨

동시에 모두 연방파"라고 선언했던 것이다. 베일리는 취임사의 이 구절에 주목한다. 그는 정당과 파쟁을 싫어하는 제퍼슨이 하나의 국민적 합의를 도출하려고 노력했다는 점에서 최초의 위대한 합의주의 정치가라 할 수 있다면서 제퍼슨을 긍정적으로 평가했다. 하지만 현실은 그렇지 못했다. 1800년 이후에도 첨예하고 야만적인 정치 갈등은 계속 이어졌기 때문이다.[3]

3) Bailey, p. 41 ; Alan Brinkley, *The Unfinished Nation*, McGraw-Hill Companies, Inc., 2004, 황혜성 외 옮김, 『있는 그대로의 미국사 1 : 다양한 시작―식민지 시기부터 남북전쟁까지』, 휴머니스트, 2005. (이하 Brinkley로 약함), p. 305.

제퍼슨은 우선 임명권을 효과적인 정치수단으로 활용했다. 그는 대통령으로 선출된 때로부터 의회가 해산하기 전까지의 2주 사이에, 오랜 정치적 동지이자 같은 주 출신 후배인 제임스 매디슨을 국무장관에 임명하는 등 재빨리 각료들을 임명했다. 그리하여 그때까지 해산하지 않고 있었던 옛 상원이 제임스 매디슨을 국무장관으로, 헨리 디어본(Henry Dearborn)을 전쟁장관으로, 레비 링컨(Levi Lincoln, Sr.)을 법무장관으로 승인했다. 재무장관 앨버트 갤러틴(Albert Gallatin)과 더불어 이들은 5월에 내각으로서의 기능을 시작했다. 로버트 스미스(Robert Smith)를 7월에 해군 장관으로 기용하는 등 제퍼슨은 공화파 인물들로 연방의 관직을 채워나갔다. 한편, 재무장관 갤러틴은 여성을 공직에 임명하려고 했으나 제퍼슨이 반대했다. 제퍼슨이 반대한 이유는 여성을 공직에 임명하는 것은 대중과 자신, 둘 다 아직 준비가 되지 않은 획기적인 일이라는 것이다. 나중에 자세히 설명하겠지만, 제퍼슨에게 있어서 평등이란 백인 남성 간의 정치적 평등일 뿐이었다.[4]

4) Joyce Appleby, *Thomas Jefferson*, New York: Times Books, 2003 (이하 Appleby로 약함), pp. 36~37. 성으로서의 여성에 대한 제퍼슨의 태도에 있어 놀라운 것은 그가 여성의 존재 의미에 대해서 얼마나 무지한가 하는 것이다. 제퍼슨은 여성은 남성의 기쁨을 위해서 창조되었다는 믿음을 가지고 있었다. 설상가상으로 그는 정치를 하느라 바쁜 여성만큼 남성에게 유쾌하지 못한 것은 없다고 주장했다. 이러한 인식이 바로 그로 하여금 갤러틴이 일부 연방 관직에 여성을 앉히자고 제안했을 때 그 제안을 거절하도록 한 것이다. Appleby, pp. 142~143.

그런데 공화파 인물들만으로 연방의 관직을 모두 채운다는 건 그리 쉬운 일은 아니었다. 남부의 농장주를 제외하고는 저명한 공화파 인물을 찾기란 매우 어려웠기 때문이다. 공화파에는 제대로 교육을 받고 집안이 좋은 사람들이 충분하지 못했다. 제퍼슨의 추종자들은 주로 신인들로 그들은 학벌이나 가문 때문이 아니라 기성의 연방파에 반대했기 때문에 유명해진 그런 사람들이었다.[5]

5) Appleby, p. 39.

"우리는 모두 공화파이며 동시에 모두 연방파"라는 제퍼슨의 취임사는 애덤스가 임명한 사람들을 전혀 축출하지 않을 거라는 뜻으로 들렸으며, 연방파는 그것을 그렇게 이해했다. 하지만 그들은 실망하지 않을 수 없었다. 왜냐하면 제퍼슨은 많은 연방파를 공직에서 내몰았기 때문이다. 제퍼슨이 선거 기간 동안에 한 약속 가운데는 엘리트 지배의 종식이 있었는데, 그는 이 약속을 지켜서 연방파의 추종자들을 모든 공직에서 몰아냈던 것이다.[6]

제퍼슨이 연방파 일부를 공직에서 내몰자 연방파는 분노를 표출했는데, 이러한 분노는 연방파가 자신들을 단순히 정당으로 생각하지 않는다는 것과도 깊은 관계가 있다. 연방파는 자신들이 헌법을 만들었고 12년 동안이나 정권을 장악하고 있었기 때문에 자신들이 곧 정부라고 생각하고 있었다. 워싱턴은 자신이 국가 전체를 관할한다는 신념으로 대통령직을 시작했다. 그는 가장 적합한 사람을 적재적소에 임명했다. 이러한 정책은 공화파가 워싱턴 체제의 엘리트주의적인 성향을 공격하기 전까지는 매우 공평무사한 것으로 여겨졌다. 워싱턴과 애덤스 밑에서 관직에 있었던 연방파는 자신들이 연방파였기 때문에 관직을 차지했다는 공화파의 비난에 대해 완강히 저항했다. 그들의 관점에서 보면, 워싱턴과 애덤스 대통령은 자신들이 찾아낼 수 있는 최상의 사람을 적절하게 임명한 것이기 때문이다. 1800년의 선거에서 패배한 이후에도 연방파는 자신들이 선거에서 패배했기 때문에 공직을 잃었다는 사실에 적응하는 데 상당한 어려움을 느꼈다.[7]

7) Appleby, p. 36.

제퍼슨은 너무도 많은 공화파를 관직에 임명했기 때문에 "엽관제(spoils system)"를 창안했다는 비난을 받는다. 하지만 제퍼슨적인 공화당원으로 관직을 채웠다고 해서 제퍼슨만 비난할 수는 없다. 제퍼슨은 공무원 사회가 연방파로 채워져 있다고 여겨 자신이 어느 정도 이것을 풀려고 했던 것이다. 사실 연방파는 그때까지 절대적인 일당 독점을 유지하고 있었다. 제퍼슨은 워싱턴처럼, 현 행정부의 원칙과 정책에 충실한 사람들을 선택하여 연방정부의 자리를 채워야 한다고 믿었다. 그리하여 제퍼슨의 두 번째 임기가 끝날 무렵에는 실제로 충실한 공화파 인물들이 모든 연방정부의 자리를 차지했다.[8]

8) Bailey, p. 43 ; EAR, p. 557 Brinkley, pp. 331~332.

제퍼슨은 워싱턴 D.C.에서 취임식을 가진 첫 번째 대통령이었다. 그는 황량한 마을이던 워싱턴 D.C.를 기념비적인 도시로 바꾸는 데 큰 역할을 했다. 그는 원래 부유한 농장주였지만, 일반 대중에게는 언제나 겉치레를 노골적으로 폄하하는, 그러한 검소한 대통령의 이미지를 전달하려고 노력했다. 그는 연방의회 의사당에서 거행된 대통령 취임식에 일반 시민들처럼 걸어서 참석했다가 다시 걸어서 돌아갔다. 그리고 아직은 '백악관'이라는 이름을 얻지 못한 대통령 관저에서 지내면서, 전임 대통령들이 존중했던 궁정 예절 따위는 무시했다. 제퍼슨은 의복이나 행동거지를 통해서 민주주의의 간소함을 실행에 옮겼는데, 이는 사전에 계획된 것이었다. 제퍼슨은 하루 중 어느 때든 손님을 접견할 때는 자신의 의복과 매너에 가장 완벽하게 무심하려고 노력했다. 상류층의 관습에 대한 그러한 무관심 내지는 무심함은 한 나라의 주인이라는 대통령의 위엄에 걸맞지 않는다는 비난을 받기도 했다. 가장 대표적인 일화로는 1803년에 미국에 온 최초의 주미 영국대사 앤서니 메리(Anthony Merry)의 접견을 들 수 있다. 금빛 레이스와 예복에 차는 칼로 치장한 영국 대사가 첫 번째 공식 예방을 했는데, 거추장스러운 예복을 좋아하지 않았던 제퍼슨은 편안한 옷차림에 실내화를 신고 있었다. 이 때문에 영국 대사는 대통령이 "겉보기에 전혀 단정치 않고 관심조차 기울이지 않은" 옷차림으로 접견한 데에 불만을 터뜨렸다. 제퍼슨에 적대적인 자들은 이 모든 것을 가식이라고 여겼고, 제퍼슨을 찬양하는 자들은 이를 자연스런 행동이라고 여겼다.[9]

[9] *EAR*, p. 557 ; Appleby, pp. 47~48 ; Brinkley, p. 331.

제퍼슨의 개인적인 씀씀이와 국가적인 씀씀이의 차이를

비교하면서 제퍼슨의 이중성을 지적하는 사람도 있다. 제퍼슨은 연방정부가 검소해야 한다고 강조하지만 그 목표와 자신 간의 괴리는 전혀 느끼지 못했던 것 같다. 그 자신은 매혹적이고 유용하며 안락한 물품을 무척 사랑했다. 그가 5년간의 파리 생활에서 얻은 물건을 가지고 미국으로 돌아오는데 짐 보따리가 마흔 개를 훌쩍 넘었다. 그 보따리에는 와인, 책, 악기, 예술품 등 값비싼 물건들이 잔뜩 들어있었던 것이다.[10]

제퍼슨은 민주주의라는 것이 정치적 신념일 뿐만 아니라 사회적 습관이라는 것을 깨닫고 있었다. 사회가 진정으로 개혁되려면 새로운 신념을 가져야 할 뿐만 아니라 행동의 변화도 예기된다는 것이다. 제퍼슨은 스스로가 기존의 관행을 깨부수는 여러 가지를 시도했는데, 우선 대통령 관저의 에티켓을 급격하게 바꾸는 데서부터 시작했다. 제퍼슨은 겸손함, 즉 사람과 장소와 의식(ceremony)의 겸손함을 그의 행정부의 중요한 특징으로 삼았다. 그런데 이것은 그의 전임 대통령들과 현격한 대조를 이루는 것이었다. 해밀턴은 워싱턴에게 오직 장관, 대사, 그리고 미국 상원의원만을 접견하라고 충고했었다. 연방파는 대통령을 멀리 떨어진 고관(高官)으로 이상화했다. 보통의 유권자에게 경외심을 심어줌으로써 그들로부터 존경심을 이끌어내려 했으며, 통치

---

[10] Appleby, p. 33.

행위라는 것은 그들의 영역을 넘어선 것임을 믿게 하려는 것이었다. 그러나 제퍼슨은 의전(儀典)을 없애버렸다. 그리고 외국의 고관들을 접대하는 규칙도 따르기를 거부했으며, 대통령 관저도 일반인에게 개방했다. 미국의 독립 25주년 기념일인 1801년 7월 4일에 대통령 관저에 최초로 초대된 손님 100명 가운데는 아메리카 인디언 종족인 체로키 족의 대표자가 포함되어 있을 정도였다.[11]

제퍼슨은 공화주의의 매너의 간소화에 상당한 애착을 가지고 있었다. 그래서 그는 에티켓을 개혁하려 했다. 제퍼슨은 엘리트 통치에 대한 시민들의 비판적인 견해를 이용해서 새로운 유형의 대통령 관저 에티켓을 창조해내려고 했다. 그런데 새로운 에티켓이라는 것은 대사든 일반 방문객이든 똑같이 존중하는 것이었다. 제퍼슨은 새로운 매너가 시민들에게 자존심 내지는 자긍심을 심어줄 수 있기를 희망했다. 덕(virtue)과 책임이 연방파의 이상이었다면 제퍼슨은 표현하고 생각하고 여론을 형성할 자유에 더욱 열광적으로 반응했다. 그리고 그는 과거에 죽은 성인들이 이러한 자유를 저해할까 봐 두려워했다. 또한 그는 연방파가 헌법을 신성화하려는 움직임을 눈치채고 헌법 신성화에도 반대했다. 기존의 관례나 헌법 그리고 거치적거리는 권위, 이런 것들만 없으면 경험이 인간의 결정을 내리는 수단이 된다는 것이다. 그리고 일단 인간은 해방되면 독재자나 성직자나 영주로부터 벗어나서 무엇이라도 될 수 있다는 것이다. 즉, 인간은 무엇이라도 될 수 있다는 것이 제퍼슨의 생각이었다.12)

12) Appleby, pp. 48~49.

이러한 제퍼슨의 기존 권위에 대한 부정을 역사가 애플비는 한마디로 우상파괴적인 방식이라고 규정했다. 제퍼슨이 이처럼 우상파괴적인 방식으로 생각하고 행동할 수 있는 능력을 지니고 있었다는 것은 매우 놀라운 일이다. 제퍼슨이 이같이 행동할 수 있었던 것은 자신이 촌스럽게 여겨지는 것에 대해 완전히 무심했기 때문이다. 워싱턴과 애덤스 재임 시절에 대통령의 형식주의의 상당 부분은 그들이 영국인들의 눈에 올바르게 보이고자 하는 갈망에서 비롯된 것이었다. 하지만 제퍼슨은 그런 쪽으로는 전혀 신경을 쓰지 않았다. 그리고 다른 사람들과 달리 명예에도 연연하지 않았다. 엘리트의 엘리트주의를 변화시키는 것이 어렵게 되자 제퍼슨은 대신 그들의 권력을 제한하려고 했다. 일단 대통령에 취임하자 그는 세금을 감소시켰고, 정부 관리의 숫자를 줄였으며, 중앙집권적인 법률의 효력이 소멸되기를 기다렸다.13)

13) Appleby, p. 50.

제퍼슨이 주재하는 각료회의도 민주적이어서, 각료회의에서 제퍼슨도 한 표를 행사했다. 비록 대부분의 경우에 있어서 비공식적인 합의가 우세했기 때문에 표결을 하는 경우는 드물었지만 말이다. 1801년 12월에 의회가 소집되자, 제퍼슨은 연방파이던 전 대통령들이 시작한 낡은 형식을 없애기 위한 노력을 시작했다. 부통령으로서 상원의 회의를 주재했던 경험에 입각해서 제퍼슨은 상원의 의사절차를 위한 매뉴얼을 마련했다. 또한 제퍼슨은 의회에서 연두교서(年頭敎書)를 읽음으로써 몸소 전달하는 연방파의 선례와는 달리, 성문 형태로 의회로 보냈다. 1801년에 의회에 보내는 연두교서에서 제퍼슨은 정부가 소비세를 포함한 모든 내국세를 안전하게 없앨 수 있게 되었다고 선언했다. 대중들은 연두교서를 통해서 세금이 줄어들 것이라는 것, 그리고 정부의 지출 또한 줄어들 것이라는 희소식을 들을 수 있었다.[14]

대통령 제퍼슨은 능숙한 정당 지도자이기도 했다. 그는 연방의회에 있는 공화파 의원들에게 조용하게, 때로는 은밀한 방법으로 지시를 내림으로써 당에 영향력을 발휘하려고 노력했다. 한마디로 말해서 제퍼슨은 민주공화당 지도자로서 의회 내 의원들에게 막강한 대통령의 권위를 행사했다. 정권이 제퍼슨의 공화당에게로 넘어온 이후 연방파가 해밀턴파와 애덤스파로 분리되자 이는 제퍼슨에게 의회를 장악할 좋은 기회였다. 제퍼슨은 연임기간까지 합쳐서

14) Appleby, pp. 41–42.

대통령으로 재임하는 8년 동안 단 한 차례도 거부권을 행사하지 않았다. 그럴 필요가 없었기 때문이다. 제퍼슨은 지금껏 재임기간 중 한 번도 거부권을 행사하지 않은 유일한 대통령인 것이다.

제퍼슨과 의회와의 관계는 제퍼슨과 그의 내각의 관계만큼이나 매끄러웠다. 이것은 1800년의 선거 결과를 보면 결코 놀라운 일이 아니었다. 1800년의 선거 결과, 하원 의석 가운데 공화파가 67석, 연방파가 39석을 차지했다. 그리고 뒤이은 1802년의 선거에서는 인구증가로 인해서 하원의석이 총 141석으로 늘었는데, 그중 공화파는 102석을 차지해서 72%를 차지했던 것이다. 상원도 마찬가지여서 공화파가 25석, 연방파가 9석을 차지했다. 이는 연방파 진영에 있는 주(州)가 겨우 4개에 불과하다는 것을 보여주는 것이었다. 그러므로 제퍼슨이 재임기간에 단 한 개의 법안에 대해서도 거부권을 행사하지 않았다는 것은 놀라운 일이 아니다. 즉, 거부권 행사를 안 한 게 아니라 할 필요가 없었다. 일찍이 제퍼슨은, 공화파는 입법부에 의지하는 것을 선호하는데, 이는 입법부가 정부의 부처 중에서 보다 민주적인 부처이기 때문이라는 글을 쓴 적이 있었다. 그런데 실제로 7차, 8차, 9차 및 10차 의회만큼 대통령을 포괄적으로 뒷받침한 의회는 없었다. 자신의 원칙에 맞게 제퍼슨은 공화파 의원들과 긴밀하게 협력을 했으며, 그들을 매우 존중했다. 그럼으로써 그는 능숙한 정당 지도자가 될 수 있었다.[15]

제퍼슨과 의원들과의 관계가 이처럼 매끄러울 수 있었던 비밀은 무엇일까? 역사가 애플비에 따르면, 그 비밀은 대통령 관저에서 열리는 디너파티에 있었다. 의회의 회기 중에 제퍼슨은 거의 매일 자신의 저녁식사 테이블로 상하원 의원들을 불러모았다. 제퍼슨의 디너파티에는 보통 8~15명이 초대되었는데, 의회의 회기 중에는 상하원의원이 리스트를 대부분 지배했다. 그리고 의원 외에도 내각의 각료라든가 대법관이라든가 외국의 저명인사 내외가 초대되었다. 기록에 의하면 의회가 소집된 110일간 47회의 저녁모임이 있었고, 거기에는 153명의 서로 다른 남녀가 초대되었는데, 이 가운데 절반은 두 번 초대되었다.[16]

작은 정부

공화파는 워싱턴과 애덤스가 재임하는 동안 연방정부가 필요 이상으로 비대해졌다고 생각했다. 1793년과 1800년 사이에 정부는 지출이 거의 3배로 늘었고 공채 또한 증가했으며 포괄적인 내국세 체계를 갖추었기 때문이다.[17]

제퍼슨은 대통령이 되면서 연방파정부가 지향하던 '활력

적인 정부(energetic government)'를 해체하려고 마음먹었다. 그는 일찍부터 자신이 '활력적인 정부'의 벗이 아니라고 공언했는데, 그가 보기에 '활력적인 정부'는 항상 억압적이기 때문이었다. 사람마다 신생국 미국을 위협하는 두려운 대상에 대한 생각이 달랐다. 제퍼슨을 두렵게 만든 것은 정부의 권한이 너무 크다는 것이었지만 해밀턴은 정부의 권한 확대보다 혼란을 더 두려워했다. 애덤스가 두려워한 것은 균형이 잡히지 않은 정부였다. 연방파와는 달리 제퍼슨은 혼란이라든가 견해차이 같은 것은 참아낼 수 있었다. 대신에 그가 참을 수 없었던 것은 정부의 억압적인 경향이었다.

제퍼슨의 원칙은 억압적인 '활력적인 정부'가 아니라 다수의 의지가 항상 승리해야 한다는 것이었다. 그런데 제퍼슨에게는 보통 사람들이 수백 개의 관습과 지배라는 끈에 묶여있는 수많은 걸리버로 보였다. 그래서 그는 옛 사회질서를 해체하려고 했다. 그럼으로써 자신의 진정한 본성으로부터 그토록 오랫동안 소외되어왔던 인간이 그들 스스로를 회복할 수 있기를 원했다. 제퍼슨은 인간이 합리적이고 스스로를 개선해나가며 독자적이기 때문에 개인은 기관이나 제도가 간섭하지만 않는다면 그 자신과 가족을 돌볼 수 있으리라는 믿음을 지니고 있었다. 즉 인간이 평화롭게 협력하면서 살 수 있는 능력, 즉 자치능력을 가지고 있다고

믿었다. 그리고 그는 인간이 그렇게 할 수 있도록 공식적인 권력을 제한하려고 노력했다.[18]

제퍼슨 행정부는 연방파가 만들어낸 '활력적인 정부'를 해체하기 위해서 부지런히 움직였다. 1802년, 제퍼슨은 연방의회를 설득해 모든 내국세를 폐지했다. 폐지된 내국세 가운데는 위스키 반란의 직접적인 원인이 되었던 물품세도 들어있었다. 그리하여 관세와 서부 지역의 토지판매만 연방정부 세입의 유일한 원천으로 남게 되었다. 동시에 재무장관 갤러틴은 정부 지출을 과감하게 축소했다. 이를 위해 제퍼슨 행정부는 외교 업무 및 일부 공무원 업무를 축소시키고, 육군·해군 등 군대의 숫자를 줄였는데, 이로 인해 애덤스 행정부 당시 해군으로 들어간 상당수의 연방파는 해직되고 말았다. 제퍼슨은 이처럼 군사력 감축을 통해서 국가부채를 8,300만 달러에서 4,500만 달러로, 원래 부채의 거의 절반 수준으로 줄일 수 있었다. 이 모든 일들은 미국의 인구가 증대하고 있고 영토가 두 배로 늘어나고 있는 동안에 이루어진 것이었다.[19]

그런데 제퍼슨이 이처럼 군대를 감축할 수 있었던 것은 상비군이 필요 없다는 평소의 생각 때문이기도 했다. 그는 군주제의 중요 수단인 상비군 같은 막강한 군대가 민주공화국에는 필요 없다고 여겼다. 만약 외국에서 침략을 해오면 민병대가 스스로 일어나 국가와 국민을 위해 싸우리라는 것이 그의 생각이었다. 그러므로 최소한의 상비군을 제외한 군사력은 시민의 자유와 정부의 문민통치에 오히려 위협이 될 수 있다고 제퍼슨은 주장했다. 그는 이미 축소된 4,000명의 육군을 2,500명으로 더 줄였으며, 취역 중이던 25척의 군함 가운데 7척만 남겨두었다.[20]

20) 그럼에도 불구하고 브링클리는 제퍼슨이 평화주의자는 아니었다고 주장한다. 제퍼슨이 1802년에 웨스트포인트(West Point)에 미국 육군사관학교(United States Military Academy)를 설립하는 데 기여했으며, 해외에서 분쟁이 발생하자 함선을 재건조하도록 지시했기 때문이라는 것이다. Brinkley, p. 333. 이 해석과는 반대로, 베일리는 제퍼슨이 진정한 평화주의자였다고 보고 있다. Bailey, p. 44.

바르바리 전쟁

제퍼슨의 군대 감축을 시험이라도 하듯, 외국과의 분쟁이 일어났다. 분쟁은 아프리카 북쪽 해안에서 처음으로 발생했다. 오스만 제국의 자치국인 북아프리카의 바르바리 제국(諸國, Barbary states)—모로코, 알제리, 튀니스, 트리폴리—은, 해적으로부터 보호해준다는 구실로 지중해를 항해하는 모든 국적의 선박에 금전을 요구했다. 1780년대와 1790년대에는 미국 역시 바르바리 제국에 매년 공물을 제공한다는 조약에 동의했었다. 그러나 제퍼슨은 이러한 유화정책을 탐탁지 않게 생각했다. 1801년, 트리폴리의 군사령관이 제퍼슨에게 공물을 강요했다. 제퍼슨은 바르바리 해안의 권력자가 요구하는 뇌물을 결코 주고 싶어 하지 않았다. 바르바리에 바치는 뇌물로 국고가 바닥날 지경이었기 때문이다. 미국의 반응에 불만을 품은 군사령관은 도끼로 미국 영사관의 깃대를 자르라고 명했다. 이는 상징적인 선전포고나 다름없었다. 제퍼슨은 새로운 조약을 위한 협상을 거부하고, 대신에 그 지역으로 소함대를 파견했다. 엔터프라이즈(Enterprise)라고 불리는 미국의 범선이 트리폴리의 상선을 공격했다. 트리폴리의 군사지도자와 미국과의 적대관계는 4년을 넘게 끌었다. 마침내 1805년 6월에 제퍼슨은 평화조약을 맺음으로써, 더 이상 트리폴리에 공물을 제공하지 않아도 되었다.[21]

이 전쟁에서 미국해군은 뚜렷한 성과를 보였는데, 에드워드 프레블(Edward Preble) 제독이 트리폴리로 가서 나포된 미군 구축함에 불을 질렀을 때 특히 그러했다. 이러한 프레블의 급습은 당시에 가장 대담하면서도 용감한 행위로 칭송되었다. 미국해군이 성공적으로 트리폴리를 봉쇄하자 트리폴리의 군사령관은 포로가 된 300명의 선원을 6만 달러의 몸값만을 받고 구축함으로부터 풀어주는 데 동의했다.[22]

그런데 미국 최초의 해외원정을 불러일으킨 이 바르바리 전쟁은 해밀턴이 야당 지도자로서 처음으로 개입하게 된 사건이기도 했다. 의회가 소집되자 제퍼슨은 소함대를 파견해서 트리폴리의 상선을 공격한 것에 대한 소급 승인을 요청했다. 이는 단순한 방어 이상의 어떠한 군사적인 행동도 의회의 재가를 필요로 한다는 제퍼슨의 견해에 따른 것이었다. 해밀턴은 제퍼슨의 이러한 헌법해석에 대해서 즉각적으로 맹렬한 공격을 퍼부었다. 해밀턴에 따르면, 대통령이 적의 공격에 대응할 때에는 의회의 의견은 물을 필요가 없었다. 그는 제퍼슨의 이러한 세세함이 대통령의 권한을 감소시키는 위험한 것이라고 여겼던 것이다.

제퍼슨도 해밀턴이 그러했듯이 헌법의 의미를 설명할 기회를 가지고 싶어 했다. 그는 의회에 보내는 첫 번째 연두교서를 준비하면서 선동방지법의 비합헌성에 관한 긴 글을 기초했다. 애덤스 대통령의 임기가 만료되면서 그 법은 무효화되었지만, 제퍼슨은 대통령이 의회나 대법원 못지않게 헌법을 해석할 권한이 있다는 것을 널리 알리고 싶었던 것이다. 제퍼슨의 주장은 선동방지법이 헌법과 모순된다는 것이었는데, 제퍼슨의 각료들은 이러한 언급이 아무런 도움이 되지 않는다고 생각해서 제퍼슨에게 삭제할 것을 권고했다. 하지만 제퍼슨은 대통령이 국민에게 헌법상의 문제에 관해서 설명할 의무가 있다는 신념을 포기하기 않았다. 선동방지법은 정부나 정부 관리들의 평판을 떨어뜨리는 어떤 것을 말하거나 출판하는 단순한 정치적 행위를 범죄로 만들어버렸다. 1798년에 연방파는 선동방지법을 통과시켰는데, 이는 그들이 민주주의의 과잉이라고 생각하는 것을 제어하기 위해서였다. 연방파의 이러한 태도를 잘 보여주는 예는, 제퍼슨파의 성향을 지닌 사람들이 정치에 대해 이야기하겠다는 공공연한 목적을 가지고 클럽을 결성했을 때 조지 워싱턴이 보여준 다음과 같은 반응이다. "자기네들끼리 만든 단체가 한밤중에 몰래 모여서 의회가 한 행동들, 이미 사려 깊고 엄숙한 논의를 거친 것들에 대해서 논의한다는 것보다 더 불합리하고, 교만하며, 사회의 평화에 위해가 되는 것이 과연 있을 수 있겠는가?" 하지만 워싱턴의 이 질문에 대한 제퍼슨의 대답은 아마도 "네"였을 것이다. 제퍼슨이 보기에 그보다 더 불합리한 것은 정치를 독점하고 있는 신사들(gentlemen)의 노력이었던 것이다.[23]

23) Appleby, p. 57.

제퍼슨은 왜 이처럼 1798년의 선동방지법까지 들추어가면서 대통령에게 헌법을 해석할 권한이 있다는 것을 강조하려 했을까? 거기에는 사연이 있다. 1800년에 코네티컷의 주간신문 가운데 하나가 제퍼슨의 탄핵을 요구했을 때 제퍼슨은 아직 대통령에 취임한 지 7개월도 못 되었을 때였다.[24] 연방파는 탄핵이라는 합헌적인 방법을 써서 제퍼슨을 제거하는 것이 적합하다고 여겼던 것 같다. 연방파는 자신들을 헌법의 수호자로 생각하고 있었던 것이다. 그런

24) 이 주간 신문의 이름은 『Connecticut Courant』이었다.

데 이 헌법이라는 성스러운 문헌은 이제 새 대통령 제퍼슨의 비정통적인 견해로 인해서 위험에 처해 있었다. 자신이 헌법에 대한 전문가라고 생각하고 있는 알렉산더 해밀턴은 자신의 근거지인 뉴욕에서 연방파를 이끌었다. 한편, 제퍼슨은 헌법이 기초되는 동안 파리에 있었지만 대통령이 헌법을 해석하는 것을 주도해야 한다고 확신하고 있었던 것이다.[25]

25) Appleby, p. 53.

사법부와의 갈등

미국의 연방법원은 초대 의회에서 제정된 1789년의 법원조직법(Judiciary Act of 1789)에 의해 탄생했다.[26] 1789년에 법원조직법이 제정되어 시행된 이후에도 연방주의자들은 연방법원의 권한을 증대시키기 위해 지속적으로 노력했다. 1800년 선거 이후, 연방정부의 3개 부처 가운데 사법부만이 유일하게 연방파의 수중에 남았다. 애덤스 행정부는 남은 임기 몇 달 동안 연방파의 사법부 장악을 공고히 하기 위해서 조치를 강구했는데, 그 결과가 1801년의 법원조직법 개정으로 나타났다. 새로운 법원조직법의 내용은 통상에 관한 소송을 주 법정으로부터 연방 법정으로 이관하기 위해서 마련된 순회 법정

26) 연방법원조직은 (1) 13개의 1심법원(지방법원), (2) 5인의 대법관과 1인의 대법원장으로 구성된 연방대법원, (3) 2인의 연방대법관과 1인의 지방법원 법관으로 구성된 연방항소법원(circuit court of appeal)으로 편제되었다.

제도를 새로이 창설하는 것이었다. 따라서 그것은 연방법원에 다수의 새로운 판사직을 창설하는 것이기도 했다. 연방 대법원의 대법관 수는 비록 1명이 줄었지만 전체 연방법원 판사 수는 대폭 늘어났던 것이다.27) 그런데 애덤스 대통령은 새로이 설치된 판사 자리에 선거에서 낙선한 연방파 인사들을 서둘러 앉혔다. 그리고 연방파 지도자인 존 마셜(John Marshall)을 연방 대법원장에 임명했다. 애덤스가 판사직을 재빠르게 자신의 추종자로 채운 것은 물론 사법부를 확고하게 연방파가 통제하기 위해서였다. 애덤스 대통령은 신임 판사 임명장에 서명하기 위해 임기 마지막 날 자정까지 청사에 머물렀다. 이런 까닭에 당시에 공직에 임명된 사람들은 '심야의 판사들(midnight judges)' 또는 '심야의 피임명자들(midnight appointment)'이라고 불렸다.28)

27) 또한 1801년의 법원조직법은 연방대법관의 연방항소법원(circuit court of appeal) 순회를 폐지했다.

28) Brinkley, p. 306 ; Appleby, p. 61.

행정부와 입법부를 모조리 차지하다시피 한 공화파는, 여전히 연방파 판사들의 손안에 있는 사법부를 의심에 찬 눈으로 바라보았다. 의회 내 공화파 의원들은 제퍼슨이 대통령에 취임하자마자 연방파의 최후 보루인 사법부를 공격하기 시작했다. 첫 번째 조치는 1801년의 법원조직법을 폐기하는 것이었다. 새로운 법원조직법에 의해 임명된 새로운 판사가 불필요하다고 확신한 공화파는 그 법안을 폐기하기 위해서 움직였는데, 이것은 일찍이 의회에서 있었던 투쟁 가운데서 가장 매서운 투쟁의 시작이었다. 연방파는 이미 임명된 판사직을 폐지하려는 데 대해 거칠게 항의했다. 이렇게 되면 사법부의 독립이 저해된다는 것이었다. 이 문제를 둘러싸고 연방파와 공화파는 기나긴 설전을 벌였다. 연방사법부에 공화파가 한 명도 없다는 이유를 들어, 제퍼슨은 이것이 연방파가 이미 사법부를 정치화한 것이라고 주장했다. 제퍼슨은 당원들을 규합해서 의회에서 1801년의 법원조직법을 단 한 표차로 간신히 폐기시켰다. 이 법이 무효화됨으로써 애덤스 행정부 말기에 만들어진 연방주의적 지역법원들은 없어져버렸다. 이 사태로 애덤스 행정부가 끝나기 직전에 임명된 '심야의 판사들'의 판사직이 폐지되는 바람에 그들은 제대로 임명되지 못했다.[29]

29) Brinkley, p. 334 ; Appleby, pp. 61~62.

사법부를 둘러싸고 논쟁이 전개되는 가운데 미국 역사에서 가장 중요한 사법적 결정이 내려졌다. 연방대법원이 연방의회의 입법을 무효화할 수 있는 권한, 즉 사법심사(judicial review) 권한을 가졌다는 결정이다. 연방대법원의 사법심사권을 정당화한 것은 1803년 '마버리 대 매디슨(Marbury v. Madison) 사건'에서의 대법원장 마셜의 판결에서 비롯되었다. 애덤스는 대통령 재임 마지막 날 윌리엄 마버리(William Marbury)를 컬럼비아 지구(District of Columbia)의 치안판사로 임명했다. 마버리는 애덤스의 '심야의 임명'을 받은 사람들 가운데 하나였던 것이다. 그런데 뒤늦은 임명으로 국무장관인 존 마셜은 임명장을 애덤스의 퇴임 직전까지도 본인인 마버리에게 전달하지 못했다. 마버리는 새 대통령 제퍼슨의 국무장관인 매디슨에게 임명장을 달라고 요청했다. 애덤스가 마지막 순간에 법관들을 임명한 일이 못마땅했던 제퍼슨은 매디슨에게 임명장을 주지 말라고 명령했다. 제퍼슨은 '심야의 임명'을 받은 사람들의 승인을 거부하면서도 아무런 거리낌이 없었다. 이는 그 사람들이 제퍼슨의 가장 열렬한 정적 가운데서 임명되었기에 결코 어떠한 협력도 기대할 수 없었기 때문이다.[30] 이 결정으로 임명장이 무효가 된 마버리를 비롯한 판사 3명이 매디슨이 자신들에게 임명장을 주도록 강제해줄 것을 요청하는 직무집행영장을 연방대법원에 청구했다.

당시의 대법원장은 존 마셜이었다. 존 마셜은 어떤 인물인가? 애덤스 대통령은 임기가 끝나기 직전, 자신의 국무장관(재임 1800.6~1801.3)인 존 마셜을 연방대법원장에 임명했다. 연방파의 지도급 인사이자 탁월한 법률가였던 그는 국무장관으로서 애덤스를 보필하기 전에 버지니아 주 하원의원, 주 프랑스 공사, 법무장관 등을 역임했다. 마셜은 버지니아 출신으로서, 혈통으로 따지자면 제퍼슨의 사촌이었

30) Appleby, pp. 36~37.

31) *EC*, pp. 453~455. 마셜은 애덤스의 전기를 집필해서 출판할 만큼 열렬한 애덤스 지지자였다.

다. 하지만 마셜이 제퍼슨의 가까운 친척이라는 것은 아무 의미가 없었다. 왜냐하면 그는 열렬한 연방파로서, 애덤스의 사상을 그대로 이어받았기 때문이다.31) 한마디로 마셜 대법원장과 제퍼슨 대통령은 정치적으로 적이었다. 그리고 대법원이 '마버리 대 매디슨 사건'에 대해 판결은커녕 알기도 전에 대통령 제퍼슨은 법원의 판결을 무시하겠노라고 위협했다. 이러한 상황에서 대법원이 운신의 폭이 넓지 못했음은 물론이다. 마셜은 행정부가 인정하지 않을 판결을 내림으로써 법원의 권력을 위험에 빠뜨리게 하고 싶지 않았다.

1803년 2월 24일, 마셜의 대법원은 제퍼슨과의 갈등에 초점을 맞추어 다음과 같이 판결했다 : 마버리 등에게 그들의 임명장에 대한 권한이 있긴 하지만 대법원에는 그 임명장을 주도록 강제할 권한이 없다.

결국 마버리는 임명장을 받지 못했고, 대법원은 행정부에 그 임명장을 주라고 강제할 권한이 없다고 선언함으로써 자신의 권한을 제한했다. 하지만 이는 판결의 일부분에 불과했다. 여기서 중요한 것은 마셜이 의회가 제정한 1789년의 법원조직법을 그것이 헌법에 위배된다는 이유로 무효화했다는 사실이다. 연방대법원은 연방의회가 월권행위를 했다고 판단했다. 왜냐하면, 사법부의 권한을 설정할 수 있는 근거는 연방헌법이고, 따라서 연방의회는 사법부의 권한을 확대할 수 없기 때문이었다. 따라서 1789년에 연방의회가 제정한 법원조직법의 관련 조항은 무효화되었다.

이 판결에서 연방대법원은 자기 권력을 스스로 부인한 듯하면서 실제로는 그 권력을 확대했다. 즉 연방대법원 판사들은 비교적 작은 권력(임명장을 전달토록 하는 권력)을 거부하는 것으로, 막대한 권력(연방의회의 법률을 무효화시킬 수 있는 권력)을 획득했던 것이다. 이 판결은 사법심사권을 굳건히 확립함으로써 사법부의 위상을 크게 높였다는 점에서 대법원의 판결 중 가장 중요한 판결이라고 할 수 있다. 이 판결의 영향은, 사법부의 권한을 증대시키고, 미국의 헌정체제 내에서 권력분립 및 견제와 균형의 개념을 확립했다는 점에서 중요하다.[32] 이후 마셜이 이끄는 연방대법원은 실제로 연방의회, 행정부, 각 주 등이 제정한 법률의 합헌성을 결정하는 권한을 자주 행사했다. 즉 사법심사권을 통해서 연방대법원은 대통령과 연방의회의 권력을 견제할 수 있었던 것이다.

제퍼슨과 마셜

제퍼슨은 '마버리 대 매디슨 사건' 판결에 격분했다. 그는 이 판결이 민주주의의 위반이라고 강도 높게 비판했다. 그는 의회를 조종하여 대법원의 권한을 약화시키는 수정헌법을 통과시키려 하였으나 의회 내 충분한 지지 세력을 얻지 못했다. 1년 후에 제퍼슨과 집권당인 공화파는 판사에 대한 탄핵을 시도했다.[33]

33) *EC*, p. 397.

첫 번째 대상은 지방법원 판사 존 피커링(John Pickering)이었다. 피커링은 종종 술에 취해서 재판을 진행했다. 연방 하원은 피커링이 주정뱅이라는 이유를 들어 1804년에 그에 대한 탄핵 절차를 시작했다. 상원은 심리를 거쳐서 하원이 제기한 혐의에 대해 피커링이 유죄라고 선언함으로써 마침내 그를 면직시켰다. 헌법 제2조 제4절에는 "미국의 대통령·부통령 및 모든 공무원은 반역죄, 수뢰죄, 또는 그 밖의 중대한 범죄 및 비행(非行)으로 탄핵받고 유죄판결을 받음으로써 면직된다"고 쓰여 있다. 연방공무원을 탄핵할 권한은 미국 연방의회가 지닌 가장 큰 권한 가운데 하나이다. 하지만 이 권한은 거의 사용되지 않는다. 이 권한으로 의회는 행정부와 사법부를 견제할 수 있다. 하원이 연방공무원을 탄핵 기소하면 그 공무원은 상원에서 심리를 받는다. 그러고 나서 상원은 상원의 표의 3분의 2로 그 공무원에게 유죄판결을 내릴지를 선택하여 그를 공직에서 면직시킬 수 있다. 상원에서 이루어지는 탄핵심판은 형사재판과 유사하

며 상원의장인 부통령이 심리를 주재한다.34)

 미국 역사상 최초의 탄핵인 존 피커링에 대한 탄핵은 헌법 제2조 제4절을 잘못 적용했든지 아니면 이 조항을 적용하는 것을 빠뜨린 것이라고 볼 수밖에 없다. 피커링은 공화파의 주장처럼 주정뱅이거나 친구들의 주장처럼 정신이상이거나 둘 중 하나였다. 따라서 명백히 판사직에서 면직시킬 필요가 있었다. 문제는 주벽이나 정신이상이 제2조 제4절에 명시되어 있는 "중대한 범죄 및 비행"이라고 할 수 있느냐다. 상원은 그 문제에는 정확한 대답을 하지 않고 그를 면직시켰다. 피고인 피커링은 탄핵권은 기소 가능한 범죄에만 미친다고 주장했으나 그의 주장은 거부되고 말았다.

 두 번째 대상은 연방대법관 새뮤얼 체이스(Samuel Chase)였다. 체이스가 재판석에서 연방파의 당파적인 열변을 장황하게 토하자 제퍼슨은 그를 탄핵할 것을 재촉했고, 제퍼슨의 공화파가 지배하는 하원은 1804년 12월, 체이스에 대한 탄핵 절차를 시작했다. 그런데 이날은 바로 피커링 판사에 대한 탄핵 판결이 나던 날이었다. 이 두 사건은 종합해 보면 공화파가 사법부에 대해서 전면전을 수행하고 있음을 시사한다. 새뮤얼 체이스는 연방파라는 것을 제외하고는 흠 잡을 데 없는 저명한 법률가였다. 메릴랜드 출신인 그는 미국혁명기에 '자유의 아들단(Sons of Liberty)'의 일원으로서 독립운동에 적극적으로 참여했으며, 「독립선언서」에 서명하기도 하였다. 1796년부터 대법관으로 재직하였는데, 이때에 미국 역사상 연방대법관으로는 유일하게 탄핵이 되었던 것이다. 체이스의 탄핵 재판은 멜로드라마를 방불케 했다. 연방파는 체이스에 대한 탄핵을 사법부의 독립에 대한 공격이라고 규정했다. 그들은 체이스에 대한 유죄선고는 연방법원을 대통령과 의회의 비굴한 도구로 만들 것이라고 예언했다. 부통령 버가 주재하는 상원은 1805년에 체이스에게 무죄를 선고했다. 체이스는 근소한 표 차이로 가까스로 면직을 피했고, 죽을 때까지 판사직을 수행했다.35)

35) Bailey, p. 42 ; Appleby, p. 66 ; EC, p.369 ; EAR, pp. 146, 218.

36) 제퍼슨이 William C. Jarvis에게 쓴 편지, 1820 in S.K. Padover ed., *Thomas Jefferson on Democracy*, New York, 1939, p. 64.

제퍼슨은 왜 이처럼 판사들을 탄핵하려 했을까? 그가 은퇴한 후인 1820년에 쓴 편지를 보면 그가 법관들이 우리를 과두정치의 독재체제로 몰아넣을 것이라고 우려하는 대목이 나온다. 거기다 법관들이 평생 그 자리를 유지하는 만큼 더욱 위험하다고 제퍼슨은 판단했던 것 같다.36) 하지만 이것만으로는 판사들에게 탄핵이라는 칼을 빼어든 이유를 설명하기에는 부족하다. 아마도 행정부와 입법부, 모두를 장악한 제퍼슨은 사법부가 연방파의 마지막 보루라고 보고 이를 공격하려 했던 것 같다. 제퍼슨은 자신이 직접 나서는 대신 공화파가 장악하고 있는 의회로 하여금 사법부를 견제하도록 한 것 같다.

그래서 의회의 탄핵권을 발동시켰다고 한다면, 이는 제퍼슨이 부르짖는 민주주의의 원칙, 그중에서도 삼권분립의 원칙에 어긋나는 것이 아닐 수 없다.

제퍼슨은 헌법제정 당시인 1789년에 이미 권리장전의 중요성을 강조함으로써 삼권분립의 원칙을 옹호한 바 있다. 1789년 3월에 매디슨에게 쓴 편지에서, 권리장전을 통해 사법부가 상당한 법적 견제력을 지니도록 만듦으로써 연방의 권력을 더욱 잘 견제할 수 있다고 주장했던 것이다.37)

37) 또한 같은 편지에서 제퍼슨은 권리장전이 바로 주(州)정부가 연방정부의 모든 행위를 심리할 "환진(text)"이 될 것이라고 주장하기도 했다. 제퍼슨이 매디슨에게 쓴 편지, 1789.3.15, *The Papers of James Madison*, Vol.11~ eds. by Robert A. Rutland et al, Vol.12, pp. 13~14.

정치학자 베일리는, 제퍼슨이 이론적으로는 언론의 자유를 선호했으나 실제로는 완전히 자유로운 언론의 자유를 지지한 것이 아니었으며, 특히 사법부에 대해 그러하였다고 지적하고 있다. 대법관 체이스가 재판석에서 연방파의 당파적인 열변을 장황하게 토했다는 이유로 제퍼슨이 그를 탄핵할 것을 재촉한 것을 두고 한 말이다.38) 베일리의 지적처럼 체이스에 대한 탄핵 소동은 제퍼슨이 옹호하던 언론의 자유와도 배치되는 행동이었다.

38) Bailey, p. 42.

이러한 제퍼슨에 맞서 대법원장 존 마셜은 고군분투하여 사법부의 독립을 지켜냈으며, 결과적으로 삼권분립을 지켜냈다. 마셜은 역대 대법원장 중 가장 오랫동안 대법원장을 역임(1801~1835)했으며, 가장 위대한, 그리고 가장 중요한

대법원장 존 마셜

대법원장으로 평가된다. 그는 연방파 대의의 옹호자로서, 해밀턴, 워싱턴, 애덤스와 한편이 되어 법원에서 제퍼슨파와 투쟁했다. 마셜이 대법원장으로 재임하던 시절의 대법원은 중앙정부의 권한을 확대함으로써 중앙집권화된 정부라는 연방파의 이상, 경제분야에서의 경쟁, 사법부의 권한 등을 영구화한 것으로 유명하다. 마셜은 '마버리 대 매디슨 사건' 판결을 포함해 대법원의 모든 중요한 판결문을 작성한 바 있다. 비록 공화파 인사들이 연이어 대통령직을 승계했으나, 마셜은 연방정부에 통일성과 힘을 부여하려고 고군분투했다. 그리고 이런 가운데 사법부를 행정부 및 입법부와 동등한 정부부처로 확립시켰다.[39]

[39] Brinkley, pp. 335~336.

흔히들 제퍼슨과 마셜이 서로 대립했기 때문에 이들 두 사람이 서로를 견제했다는 데 주목하지만, 이들의 역할은 결과적으로는 상호보완적인 것이었다. 마셜이라는 뛰어난 대법원장이 존재했기에 연방파는 연방법원을 통해서 계속해서 영향력을 행사할 수 있었다. 다른 한편으로 제퍼슨은 행정부와 입법부에 영향력을 행사했다. 마셜의 지침이 의심할 수 없는 연방의 권한이었다면 제퍼슨의 지침은 연방 권한의 범주를 제한하는 것이었다. 두 목적 다 성취하기 위해서는 절제력과 고집이 필요했는데, 두 사람 모두 그러한 자질들을 보기 드물 정도로 많이 지니고 있었다. 그리고 그들의 노력은 수십 년간 이어졌다. 제퍼슨의 영향력은 그의 후임자인 매디슨 대통령과 먼로 대통령 시절에도 계속 되었다. 매디슨과 먼로는 작고 검소한 연방정부라는 제퍼슨의 목표를 공유하고 있었다. 마셜은 1835년에 죽을 때까지 대법원장으로 재직했다. 제퍼슨과 마셜은 바로 미국 자유주의의 두 얼굴을 그려낸 사람들이었다. 제퍼슨은 개인의 자유의 영역과 지방의 자주성을 존중하는 가운데 최소한의 연방의 지배를 실현하려고 했고, 마셜은 제퍼슨주의적인 사적이고 자발적인 행동영역을 불허하는 법치(法治)를 확립하기 위해서 노력했던 것이다. 비록 제퍼슨과 마셜은 서로를 몹시 싫어했지만 그들의 헌법에 대한 서로 다른 해석은 실제로는 상호보완적인 것이었다. 왜냐하면 두 사람 다 자유로운 결사(結社)와 자유로운 협상의 영역을 강화했기 때문이다.[40]

40) Appleby, p. 69.

루이지애나 매입

이제 미국영토로 눈을 돌려, 대통령 제퍼슨의 가장 큰 업적에 대해 이야기해보자. 미시시피강 서쪽의 광대한 지역을 미국영토로 사들인 루이지애나 지방 매입이 대통령 제퍼슨의 가장 큰 업적이라는 데 모든 역사가들이 동의할 것이다. 비록 그것을 매입하기 위해 제퍼슨이 가장 소중히 여기던 정치적 원칙 가운데 여러 가지를 굽힐 필요가 있긴 했지만 말이다.

제퍼슨이 대통령에 당선되던 해인 1800년에 나폴레옹이 제1집정관으로 프랑스의 지배자가 되었다. 나폴레옹은 대영제국으로부터 인도를 강탈하려던 웅대한 계획이 수포로 돌아간 후, 신세계에서 프랑스 세력을 복원하려는 꿈을 꾸기 시작했다. 나폴레옹이 회복하고자 한 지역은 미시시피 강 서쪽 지역으로, 당시에는 스페인의 영토였다. 1800년, 프랑스는 스페인과 비밀리에 체결한 산일데폰소 조약(Treaty of San Ildefonso)에 따라, 미시시피 강 서쪽의 거의 전 유역에 걸쳐있는 루이지애나에 대한 권리를 획득했다. 나폴레옹은 루이지애나 지역이 아메리카 대륙에서 거대한 프랑스 제국의 중심지가 되기를 희망했다. 취약해져 있는 스페인이 명목상 뉴올리언스와 플로리다를 지배하고 있는 한 그 두 지역은 궁극적으로는 미국의 일부가 되고 말 것이라는 게 당시 미국인들의 생각이었다. 그러나 이러한 상황은 나폴레옹이 스페인으로부터 루이지애나를 획득하면서 바뀌었다. 나폴레옹은 신세계에 프랑스 제국을 다시금 확립하려는 원대한 계획을 지니고 있었다. 가만히 앉아있으면 서부 영토가 자기네 것이 되리라는 백일몽을 꾸고 있던 미국인들은 나폴레옹의 야망에 관한 얘기를 듣고서야 꿈에서 깨어났다.[41]

제퍼슨은 아메리카 대륙에서 나폴레옹이 제국을 건설하려는 야망을 품고 있다는 사실을 처음에는 제대로 파악하지 못했다. 그래서 한동안 친프랑스적 외교정책을 추구했던 것이다. 그러나 프랑스가 루이지애나를 비밀리에 양도받았다는 소문을 듣고 나서는 프랑스와의 관계를 재검토하기 시작했다. 특히 제퍼슨에게 걱정거리가 된 것은, 빠르게 성장하고 있는 미국 서부지역의 생산물을 전 세계 시장에 내다 파는 출구였던 뉴올리언스가 프랑스 소유로 되었다는 사실이었다. 1802년 가을에 제퍼슨은, 프랑스가 아직 루이지애나를 공식적으로 인수하지 않은 상태여서 그때까지 뉴올리언스를 통치하고 있던 스페인 감독관이 새로운 법규를 공포했다는 소식을 듣고 경악하지 않을 수 없었다. 미시시피 강을 운항하던 미국 선박들은 수년 동안 원양항으로 떠나는 선박에 옮겨 실을 화물을 뉴올리언스에 적재하는 관례에 따르고 있었다. 1795년의 핑크니 조약으로 스페인이 미국에 이러한 권리를 보장했음에도 불구하고, 스페인 감독관은 이제 이러한 관례를 금지했던 것이다.

미국 서부인들은 미시시피 강을 운송 통로로 재개하기 위한 조치를 마련해 달라고 연방정부에 요구했고, 제퍼슨은 진퇴양난에 봉착했다. 만약 서부개척자들의 요구에 순응해 무력으로 스페인 감독관의 정책을 바꾸려고 한다면, 프랑스와 대규모 전쟁이라는 위험을 감수해야 했다. 반면 서부인들의 요구를 무시한다면, 서부에서의 정치적 지지를 상실할 게 뻔했다. 그래서 제퍼슨은 또 다른 해결책을 강구했다. 그는 파리 주재 미국대사 로버트 리빙스턴(Robert Livingston)에게 뉴올리언스 매입·인수 건을 가지고 프랑스와 교섭하라고 지시했다. 리빙스턴은 프랑스에 대해 뉴올리언스뿐 아니라 루이지애나의 나머지 지역도 미국에 매각하라고 제의했다.

한편 제퍼슨은 연방의회를 설득해 군사력 증강과 내항함대 건조를 위한 지출을 승인 받았다. 그리고 미국의 군대가 뉴올리언스에 곧 투입될 것이며, 만약 프랑스와 문제가 해결되지 않는다면 대영제국과 동맹을 체결할 것이라는 뜻을 프랑스에 넌지시 비추었다. 잘 알려져 있듯이, 제퍼슨은 근본적으로 반(反)영국적인 태도를 가지고 있었다. 왜냐하면 그는 영국이 미국 독립이 완전한 결실을 맺는 것을 저해하고 있다고 믿기 때문이었다. 그럼에도 불구하고 프랑스가 스페인으로부터 광대한 루이지애나 지역을 접수하겠다고 위협하자 제퍼슨은 영국과 동맹을 체결할 의지를 보였다. 프랑스의 위협에 직면한 그는 자신이 혐오하는 영국과 함께 프랑스의 위협에 대처할 의지가 있음을 보여준 것이다. 당시 나폴레옹이 미국에 갑작스럽게 루이지애나 전 지역을 매각하기로 결정한 것은 아마도 이에 대한 대응이었을 것이다.42)

42) Bailey, p. 43 ; Brinkley, p. 339.

나폴레옹이 이런 결정을 내리게 된 데에는 또 다른 이유가 있었던 것 같다. 아메리카 대륙에 제국을 건설하려던 그의 계획은 이미 심각한 차질을 빚고 있었다. 이는 한편으로 황열병이 신세계에 주둔하고 있던 프랑스 군대를 휩쓸고 지나갔기 때문이기도 하고, 한편으로는 나폴레옹이 병력 보강을 위해 파견하려던 원정군이 1802~1803년 겨울, 네덜란드의 한 항구에서 얼음에 발이 묶여버렸기 때문이기도 했다. 또한 아이티 반란군과 싸우느라 나폴레옹 군대의 군비가 부족했기 때문이라는 주장도 있다. 산토도밍고는 프랑스 군대가 아이티 반란군을 패배시키기 위해서 애쓰고 있는 곳이었는데, 여기가 완전히 죽음의 덫으로 변해가고 있었다. 그리고 프랑스와 영국 간의 싸움은 얼마 안 있으면 또 재개될 것이었다. 이 모든 상황을 고려한데다가 원래 충동적으로 행동하던 나폴레옹은 루이지애나 영토 전체를 한꺼번에 팔아 치우기로 결정했다.43) 어찌되었든 나폴레옹

43) Brinkley, p. 339 ; Appleby, p. 64.

은 외무상 탈레랑을 보내 루이지애나 전체를 1,500만 달러에 매각하겠노라고 제의했다.

제퍼슨이 구매협상을 지원하라며 파리로 파견한 제임스 먼로와 파리 주재 미국대사 리빙스턴은, 나폴레옹의 갑작스러운 제의에 비록 연방정부로부터 권한을 부여받지는 못했지만 그 제의를 수락할 것인지 말 것인지를 결정해야 했다. 먼로와 리빙스턴은 구매가격을 놓고 프랑스와 줄다리기를 한 끝에, 1803년 4월 30일 나폴레옹과의 계약서에 서명했다. 미국은 이 조약에서 프랑스정부에 총 1,500만 달러를 지불하기로 했으며, 뉴올리언스 항에서 프랑스에게 특정의 배타적인 통상 특권을 부여하는 한편, 루이지애나를

지도의 가운데 진하게 보이는 부분이 루이지애나 매입(1803년)으로 획득한 영토이다.

연방에 편입시키면서 주민들에게 일반 미국시민과 동등한 권리와 특권을 부여하기로 했다.

  제퍼슨 대통령은 조약의 내용을 받아보고 나서 난감해했다. 협정의 조건에는 만족했지만, 미국헌법에 새로운 영토 획득에 관한 규정이 없기 때문에 그 협정을 받아들일 권한이 자신에게 있는지 확신할 수 없었다. 그러나 대통령 고문단은 미국헌법에 규정된 대통령의 조약체결권으로써 루이지애나 매입이 정당화될 수 있다고 설득했다. 대통령의 각료들은 헌법상으로 전혀 주저하지 않았는데, 심지어는 '헌법의 아버지'라 불리는 매디슨조차도 아무런 주저함이 없었다. 헌법은 대통령에게 조약을 협상할 권한을 부여했는데, 미국 관리들은 조약을 통해서 인디언으로부터 정기적으로 토지를 매입하고 있었기 때문이다. 제퍼슨은 일찍이 헌법의 협의적 해석을 강력히 지지했다. 하지만 이번에는 루이지애나를 획득하기 위해서 헌법을 광의로 해석했을 뿐아니라, 이 광의의 해석을 의회에 받아들이도록 촉구했던 것이다.[44] 루이지애나 지방이 "늑대와 인디언, 쓰레기뿐인 땅"이라면서 매입에 반대하는 사람들도 있었지만, 연방파를 제외하고 대부분의 상원의원이 찬성함으로써 연방의회는 신속하게 조약을 승인했다. 마침내 1803년 말, 제임스 윌킨슨(James Wilkinson) 장군이 감독관으로서 미국을 대표

44) Appleby, p. 65 ; Bailey, p. 45.

해 루이지애나 지역을 공식적으로 접수함으로써 루이지애나 매입이 완료되었는데, 이는 프랑스가 루이지애나를 얻은 지 불과 31개월 만의 일이었다. 루이지애나는 큰 땅이었다. 그 크기는 88만 3,000평방 마일로 영국·프랑스·독일·이탈리아·스페인, 그리고 포르투갈을 전부 합친 것만큼 컸다. 루이지애나 지방 매입으로 미국 영토는 자그마치 두 배로 늘어났다. 미국정부는 '루이지애나 정부법'을 만들어 루이지애나를 영지(territory)로 편입시켰으며, 영지임에도 불구하고 세금을 부과했다. 얼마 지나지 않아 루이지애나 영지는 북서부 영지의 일반적인 예에 따라 열 개의 주(州)로 편성되었고, 그 가운데 한 주가 1812년에 루이지애나 주로 제일 먼저 연방에 가입했다.

제퍼슨이 헌법의 해석에 관한 자신의 기존 입장을 바꾸어가면서까지 루이지애나를 매입하려고 애쓴 이유는 무엇일까? 이는 제퍼슨에게 있어서 서부가 다름 아닌 '자유의 제국(Empire of Liberty)'이었기 때문이다. 서부는 유럽과 같은 위계질서가 없어서 자급자족적이고 자유를 사랑하며 활기에 찬 시민들이 새로운 시작을 할 수 있는 그러한 곳이었다. 대통령 제퍼슨이 목표로 삼고 있는 '자유의 제국'을 건설하려면 애팔래치아 산맥 서쪽 지방에 있는 프런티어의 팽창을 필요로 했다. 토지가 없으면 인간은 개인적인 자율

성을 결코 이룩할 수가 없기 때문이었다.[45] | [45] Appleby, pp. 109~110.

공화주의를 지향하는 제퍼슨에게 있어 중요한 것은 공화주의의 기반을 이루는 독립적인 자영농이었다. 처음부터 독립적인 자영농은 미국 정치이념의 근간이었다. 제퍼슨은 독립적인 자영농이 자신들의 뜻에 따라 다스리는 농업국가로의 발전을 꿈꾼 대표적인 정치가였다. 그런데 독립적인 자영농이 많이 배출되려면 많은 토지가 필요했다.

일찍이 제퍼슨이 1776년에 기초한 버지니아 헌법 초고에서는 투표를 하기 위한 자격으로 50에이커의 재산 소유가 요구되었다. 또한 그는 토지가 없는 성인 백인 남자에게 50에이커를 줄 것을 제안하기도 했었다. 토지가 너무 많아도 안 되지만 토지가 없으면 인간은 개인적인 자율성을 이룩할 수 없다고 믿었기 때문이다. 서부의 광대한 토지에는 다른 어떠한 나라도 결코 지니지 못했던 것이 있었다. 즉, 독립적이고 근면한 재산 소유자들로 이루어진 시민들이 늘어날 수 있는 물질적인 기반이 놓여있었던 것이다.[46] 그러므로 광활한 루이지애나는 '자유의 제국'의 건설이라는 제퍼슨의 바람을 실현시켜 줄 수 있는 새로운 무대였다.

| [46] Appleby, pp. 70, 110.

제퍼슨은 1803년에 루이지애나 지역을 구매함으로써 미국의 영토를 자그마치 두 배로 확대시키는 모험을 감행했다. 하지만 대부분의 미국인들은 루이지애나 지역이 어떤

지역인지 전혀 알지 못했다. 제퍼슨은 새 영토의 자연탐험, 자료수집과 분석, 원주민의 민족사 기술, 원주민과 무역망 설립 등, 여러 가지 목적을 위해 의회로부터 비밀리에 승인을 얻어 탐험대를 이 지역으로 보내 탐사하도록 했는데, 이것이 유명한 루이스와 클라크 탐험대다. 이러한 탐험대의 편성은 제퍼슨이 '자유의 제국'이라고 부른 지대에 대한 상세한 것을 파악하기 위함이었다.[47]

1803년에 제퍼슨은 태평양까지 대륙을 가로질러 지리학적 정보를 수집하고 인디언과의 교역 전망을 타진할 탐사계획을 세우고, 인디언과의 전투에 여러 차례 참전해 서부 황야 지리에 밝은 메리웨더 루이스(Meriwether Lewis)를 탐험대의 대장으로 임명했다. 루이스는 노련한 개척자이자 인디언과의 전쟁을 경험한 바 있는 윌리엄 클라크(William Clark)를 동료로 선택했다. 1804년, 루이스와 클라크는 48명의 대원을 이끌고 세인트루이스에서 출발해 1805년 늦가을 태평양 연안에 도착했다. 그리고 1806년 9월에 탐사하면서 관찰한 지역의 지리와 인디언 문명을 자세히 담은 기록을 가지고 세인트루이스로 돌아왔다.[48]

47) Appleby, p. 106.

48) Brinkley, pp. 340-342.

해밀턴과 버의 결투

루이지애나 매입으로 제퍼슨의 인기가 높아졌고, 따라서 1804년의 대통령 선거에서 제퍼슨은 순조롭게 재선되었다. 1804년의 대통령 선거에 대해 이야기하려면 그보다 먼저 해밀턴과 버의 결투에 대해 이야기해야 한다.

루이지애나 지방 매입을 두고 일부 뉴잉글랜드 연방파는 격렬하게 반대했다. 그들은 연방에 새로운 주가 가입하면 가입할수록 연방파 및 연방파가 장악하고 있는 지역의 권한이 줄어든다고 생각했다. 에식스 결사(Essex Junto)라고 알려진, 매사추세츠의 가장 극렬한 연방파 단체는 연방에서 탈퇴해 독립된 '북부연합(Northern Confederacy)'을 결성하는 것만이 뉴잉글랜드를 위한 유일한 길이라고 결론 내렸다. 연방파는 '북부연합'이 독립국가로 존립할 수 있으려면, 뉴잉글랜드뿐 아니라 뉴욕 주와 뉴저지 주도 끌어들여야 한다고 생각했다. 그러나 뉴욕 주 연방파를 이끌던 해밀턴은 연방탈퇴 계획에 찬동하지 않았다. 이에 뉴욕 주 연방파는 해밀턴의 가장 강력한 정적인 애런 버 부통령에게 손짓했다. 부통령으로서 상원의장이던 버는 물론 공화파였지만 공화파와 연방파, 모두로부터 칭찬을 받는 방식으로 상원회의를 잘 주재해서 연방파 사이에서 호감을 샀던 것이다. 1804년 선거에서 제퍼슨의 부통령으로 출마하지 못할 것이 거의 확실시되던 버는 1804년에 뉴욕의 주지사 후보가 되어달라는 연방파의 제의를 수락했다. 그리하여 버가 연방파의 연방탈퇴 계획을 지지하기로 했다는 소문이 떠돌았다. 해밀턴은 버가 반역을 모의했다고 비난하고, 사적인 자리에서 여러 번 버를 '비열한' 인물로 언급했다. 버는 1804년에 연방파 후보로서, 주지사 자리를 놓고 제퍼슨파인 모건 루이스(Morgan Lewis)와 경쟁했으나 패배했다. 버는 주지사 선거에서 패하자, 이를 해밀턴의 악의에 찬 언사 탓으로 돌렸다. 주지사 선거 직후, 뉴욕 주의 한 신문이 해밀턴이 버

해밀턴과 버의 결투를 묘사한 그림

의 험담을 하고 다닌다는 내용의 기사를 실었는데, 버는 해밀턴이 자신의 명예를 훼손했다며 해밀턴에게 사과를 요구했다. 그러나 해밀턴은 사과하기를 거부했다. 버는 자신이 세 번이나 해밀턴의 정치적 적의(敵意)의 희생이 되었다고 여기고 해밀턴에게 결투를 신청했다. 당시에는 결투가 자주 일어났는데, 이것은 1790년대에 갑작스럽게 정당이 출현하면서 공직자들의 견해와 결정이 공격에 노출되어 있었기 때문이다.49) 결투를 거부했다가는 겁쟁이로 몰릴 것이 두려워서 해밀턴은 결투를 받아들였다. 1804년 7월 11일 아침, 두 사람은 뉴저지 주의 허드슨 강둑에 위치한 위호큰(Weehawken)이라는 곳에서 만나 결투를 벌였다. 여기서 해밀턴은 치명상을 입고 뉴욕으로 돌아와 다음 날 사망했다. 이때 해밀턴의 나이는 겨우 49세였다.50)

49) 결투의 빈발로 1800년부터 1820년까지 미국에서 100명 이상이 결투로 사망했다고 알려져 있다. Appleby, pp. 92-93, 95.

50) *EAR*, p. 146 ; Brinkley, p. 343.

1804년의 대통령 선거

1804년의 대통령 선거는 매우 순조로웠다. 첫 번째 임기 내내 제퍼슨은 급진적인 공화파나 온건한 공화파 모두와 좋은 관계를 유지했고, 1804년 2월에 의회 내의 공화파 간부회의는 제퍼슨을 반대 없이 대통령 후보로 재지명했다. 존 애덤스와 존 제이는 이미 공직에서 은퇴하여 고향으로 돌아갔으며, 해밀턴은 이 해 7월에 부통령 버에게 사살당하여 연방파를 이끌 지도자는 더 이상 존재하지 않았다. 딱 한 가지 문제는 대통령 제퍼슨과 부통령 버 사이에 갈등이 심화되고 있었다는 것인데, 이마저도 1804년에 헌법수정조항 제12조가 선포됨으로써 쉽사리 해결되었다. 헌법수정조항 제12조는 선거인단이 대통령과 부통령을 별도로 투표할 수 있도록 하는 내용이었다. 제퍼슨은 마음이 맞지 않는 버 대신에 65세의 조지 클린턴을 러닝메이트로 지명했다. 공화파와 달리 연방파는 대통령이나 부통령 후보를 공식적으로 지명하기를 꺼려했다. 그래서 그들은 은밀히 사우스캐롤라이나의 찰스 핑크니를 대통령 후보로, 그리고 뉴욕의 러퍼스 킹(Rufus King)을 부통령 후보로 결정지었다.51)

51) Appleby, pp. 79-80.

여기서 우리는 1804년의 선거가 지니는 의미에 대해 살펴보려 한다. 흔히들 1800년의 선거를 '1800년의 혁명'이라고 중요시하면서 1804년의 선거에는 주목하지 않지만, 1804년의 선거는 독립 이후 30년간 얼마나 많은 사건들이 미국인과 미국정치를 뒤흔들었는가를 보여주는 의미 있는 선거이기 때문이다.52)

52) 1804년 선거의 중요성을 강조하는 역사가는 애플비다. Appleby, pp. 80-84.

1780년대와 1790년대에 와서 미국 사회에서는 보통의 백인 남자가 자신들보다 사회적으로 우월한 사람들에게 보냈던 '존중(deference)'이 와해되고 말았다. 연방파는 이러한 변화가 단순히 자신들의 명예와 자부심에 대한 타격일 뿐만 아니라 미국이라는 나라에 대한 타격이라고 여겼다. 지도자에 대한 존중과 시민들의 자제가 없이는 국가는 결코 안정을 유지할 수 없다는 확신 때문이었다. 공화파가 참여정치를 미국의 미래를 위해서 좋은 것으로 보았던 반면, 연방파는 보통의 백인 남자가 정치화되는 것이 자치정부는 물론 덕과 위엄에도 해가 되는 것으로 보았다. 그런데 이 덕과 위엄이라는 것은 군중들의 난폭한 열정을 견제하기 위해서 꼭 필요한 것이었다. 공화파가 변화를 민주적인 진전으로 여겨 찬양한 반면, 연방파는 귀중한 통치 방식이 파괴되었다며 슬퍼했다.[53]

> 53) Appleby, p. 81.

알기 쉽게 정리하자면 연방파의 이상은 공화주의였고, 공화파의 이상은 참여정치였다. 공화주의란 사회적 통합에 기초를 둔 도덕적 권위를 통해서 이루어지는 세련된 혹은 정제된 자유였다. 덕이 있는 시민들이 덕이 있는 지도자를 선출하면 이번에는 덕이 있는 지도자들이 덕을 창출해내는 제도를 뒷받침하는 것이 바로 공화주의였다. 연방파는 민주주의란 용어를 매우 경멸적인 뜻으로 사용했기에, 공화파를 지칭하는 데 민주주의라는 용어를 썼다. 여기서 알아두어야 할 것은 우리가 다루고 있는 18세기말부터 19세기 초까지의 시기에는, 오늘날과 달리, 민주주의는 직접민주

주의를, 공화주의는 대의민주주의를 가리키는 것이었다.[54]

1804년의 선거에서 연방파는 제퍼슨이 흑인 정부(情婦)를 두고 있다는 추문으로 제퍼슨을 공격했다. 그런데 이때 연방파는 단순히 추문을 까발리는 것이 아니라 유권자들이 제퍼슨이 자연권을 말하면서 동시에 인간을 노예로 삼고 있다는 모순에 주목해주기를 요구하고 있었다. 연방파는 이처럼 진정으로 노예제를 혐오하면서도, 제퍼슨파가 말하는 민주정치에 대해서는 공개적인 적대감을 가지고 있었다. 사회적인 차이, 즉 신분의 차이를 믿는 연방파는 보통 사람들이 공적인 생활에 기여할 만한 것이 있다고는 생각하지 않았다. 그들의 신념은 너무도 강해서, 대중정치의 영역을 확대하려는 제퍼슨의 열망을 순전한 위선이라고 생각했다.[55]

1804년경에는 백인 남자의 민주주의가 막 태동하고 있었다. 백인 남성의 계급과 신분이라는 낡아빠진 특권은 점차 사라져가고 있었다. 새로 선거권을 얻은 남자들에게 투표만 하고 통치는 그들보다 더 나은 사람들에게 맡기라고 설득하는 것은 아무런 소용이 없었다. 사회적으로 우월한 사람들이 정치를 맡아서 한다는 소위 '존중의 정치(deferential

---

[54] Appleby, pp. 81-82. 매디슨은 18세기말에 민중의 체제를 민주주의와 공화국으로 양분했다. 민주주의에서는 국민들이 직접 정부를 구성하고 운영하며, 공화국에서는 국민들이 그들의 대표들과 대리인들을 통해 정부를 구성하고 운영한다. 즉 매디슨에게 있어 민주주의는 고전민주주의를, 공화국은 근대 대의제 공화국을 뜻하는 것이었다. Jacob E. Cooke ed., *The Federalist*, Wesleyan University Press, 1961, No.14, p. 84. 그런데 이러한 구분은 매디슨에게 한정된 것이 아니라 당시에 일반적인 것이었다. 보다 자세한 내용은 졸고(拙稿), 『中道의 정치: 미국 헌법 제정사』, 서울대학교출판부, 2001, p. 84 참조.

[55] Appleby, pp. 80-81.

politics)'를 많은 사람들이 거부하기 시작한 것이다. 제퍼슨이 주창하고 나선 정치에 대한 새로운 접근 방식, 즉 참여정치는 자신들보다 사회적으로 우월한 사람들이 그들에게 보여주었던 경멸에 지쳐있던 사람들을 열광케 했다. 많은 사람들이 노예제에 반대하면서도 연방파가 흑인에 대해 신경 쓰는 것을 기껏 해봤자 궤변이라고 생각했다. 연방파는 번번이 엘리트주의를 옹호하고 무식한 사람이 공공정책에 대해서 얘기하는 것을 비웃는데 어떻게 그것을 진지하게 받아들일 수 있단 말인가. 주에서의 재산 자격 제한에도 불구하고 미국에서는 다른 어떤 나라에서보다 더 광범위한 사람들이 투표에 참여할 수 있었다. 1800년의 선거에서 승리하자 제퍼슨파는 주 단위에서 선거권의 확대를 요구하고 나섰다. 1800년에 메릴랜드가 앞장서서 재산제한을 철폐하고 비밀투표를 요구하는 법을 제정했고, 백인의 시민권은 계속해서 확대되었다. 그리고 자유흑인의 인구가 늘어나면서 흑인의 투표권도 비록 느리지만 확대되어 가고 있었다. 적은 수의 상류계급 사람들에게 한정되어 있던 정치적 논의라는 것이 이제 대중적인 토론으로 뒤바뀌었다. 무산자에게 선거권을 부여하게 되자 보통 사람들은 자신들이 정치 참여자라는 것을 인식하게 되었다. 심지어 대학생 같은 젊은이들까지 자신들의 정치적 권리를 요구하고 나섰다.[56]

56) Appleby, pp. 83-84.

공화파는 17개 주 모두에서 각각의 주마다 의원들이 주도하는 선거위원회를 구성했다. 이들 공화파는 여러 가지 이벤트를 기획하는 등 활발한 선거운동을 펼쳤을 뿐 아니라, 유럽인 이민자들처럼 정치에 새로 참여한 사람들을 자기편으로 끌어들이려고 노력했다. 하지만 연방파는 여전히 정당조직을 경멸했고, 따라서 조직적인 선거운동을 하지 않았다. 여전히 덕(virtue)에만 매달려서, 제퍼슨 개인을 공격하고 있었던 것이다. 선거운동이 이루어지는 동안 노예제에 대해 반대했던 연방파는 유권자들에게 제퍼슨 대통령과 흑인노예의 스캔들을 일깨우려고 노력했다. 하지만 유권자들은 공화파가 만들어놓은, '완전한 민주주의를 향해서 나아갈 것이냐? 아니면 동부의 엘리트주의로 후퇴할 것이냐?'라는 선거의 틀에 고정되어 있었다. 양 정당 모두 정당이 발행하는 신문을 통해서 자신들의 메시지를 전달하려고 노력했는데, 공화파의 선전전이 더 효과적이었다. 그리하여 연방파는 우위를 공화파에게 내주고 말았다. 선거 결과 제퍼슨은 코네티컷과 델라웨어를 제외한 모든 주에서 승리해서 162명의 선거인단을 확보했고 연방파는 겨우 14명만을 확보했다.[57]

[57] Appleby, pp. 72, 88-91.

1804년 선거에서 공화파가 또다시 승리할 수 있었던 요인은 무엇인가? 1800년의 대통령 선거에서 패배한 이후 연방파는 선거에서 보복을 하겠다고 큰소리를 쳤지만 대세는 오히려 반대방향으로 가고 있었다. 1804년에 미국에는 이미 지리적인 유동성과 물질적인 풍요가 명백해졌는데, 이 두 가지가 전통적인 가치를 저해했던 것이다. 연방파의 버팀목이었던 신분질서인 '존중'의 질서는 이제 무너졌다. 그리고 민주주의의 새로운 옹호자 앤드류 잭슨(Andrew Jackson)이 등장할 때까지 제퍼슨파의 집권은 이후 25년간 계속되었다.[58]

58) Appleby, pp. 90-91.

제퍼슨이 선거인단 투표에서 압도적으로 승리했을 뿐 아니라 연방의회 상하 양원에서 공화파의 의석도 더 늘었다. 덕분에 그는 매우 안정된 제2차 내각을 구성할 수 있었다. 미국 역사상 연임에 성공한 대통령 가운데서도 제퍼슨만큼 안정된 내각을 꾸린 사람은 없을 것이다. 단지 법무장관만 바뀌었을 뿐 나머지 각료는 제1차 내각과 동일했다.[59]

59) 신임 법무장관에는 존 브레킨리지(John Breckinridge)가 임명되었다. Brinkley, p. 332 ; Appleby, p. 40.

선거에서 압승을 거두자 제퍼슨은 두 정당이 거의 하나로 융합되었다는 기쁨에 들떴다. 연방파의 기둥이던 워싱턴과 해밀턴은 이미 죽었고 애덤스는 시골집에 은거하고 있었다. 그리고 버는 모든 사람의 미움을 받고 있었기에 제퍼슨은 앞으로 모든 것이 순항하리라고 예상했다. 하지만 그렇지 않았다.[60]

60) Appleby, pp. 89-90.

2. 대통령 재임기(제2차 임기)

버의 음모

1805년 3월 4일, 대통령 제퍼슨의 제2차 임기가 시작되었다. 제퍼슨의 두 번째 재임 기간 중 가장 큰 에피소드는 애런 버의 음모였다. 1804년 7월, 해밀턴과의 결투에서 치명상을 입혀 해밀턴을 죽게 만든 버는 살인죄로 기소당하지 않으려면 뉴욕을 떠나야 했다. 부통령으로 뽑히지 못하고 뉴욕 주에서도 주지사로 당선되지 못하자 분노한 버는 서부에서 야망을 실현할 새로운 통로를 찾았다. 버는 해밀턴과의 결투에 임하기 훨씬 전부터, 루이지애나 영지의 지사인 제임스 윌킨슨 장군과 서신으로 왕래하고 있었다. 버와 윌킨슨은 원정군을 이끌고 스페인으로부터 멕시코를 탈취하려 했던 것 같다. 당시에 많은 미국인들은 스페인과의 전쟁을 불가피한 것으로 여기고 있었는데, 한동안 버와 윌킨슨은 이 만일의 사태를 기회로 삼을 계획을 꾸미고 있었던 것 같다. 그래서인지 그들이 남서부를 연방에서 분리시켜 버가 통치하는 서부제국을 세우려고 한다는 소문이 떠돌기도 했다. 버가 세우려는 서부제국이 얼마나 큰 것인지는 아무도 몰랐다. 앞서 이야기했듯, 버는 1800년의 대통령 선거에서 제퍼슨과 같은 수의 선거인단 표를 얻었었다. 1801년에 하원에서 진행된 결선투표에서도 한 표 차이로 미국 대통령 자리를 제퍼슨에게 내주었던 버는, 자신이 단 한 표차로 잃어버린 나라보다 더 광대한 나라의 우두머리가 되는 것을 꿈꾸었던 것 같다. 1804년부터 버의 주요 목표는 서부의 주들을 연방에서 분리시키고, 뉴올리언스를 수도로 삼고 알리게니 산맥을 자신이 세울 새로운 국가의 동쪽 국경으로 삼는 것이었다. 여기에 플로리다와 멕시코로의 원정도 포함되었다. 또 한편으로는 버가 루이지애나 영지에서 민병대를 조직하기 시작하였으며, 루이지애나를 빼앗아 새로 친프랑스 국가로 만들려는 음모를 꾸미고 있다는 소문도 들렸다. 그러나 이러한 소문이 사실인지를 밝혀줄 증거는 전혀 없었다.

사실 여부와는 관계없이, 제퍼슨을 포함한 버의 정적들은 결국엔 그 소문을 믿기로 했다. 1806년에 버가 무장한 추종자들을 이끌고 오하이오 강을 따라 내려가자, 뉴올리언스 공격이 임박했다는 충격적인 보고서들이 워싱턴으로 날아들었다. 사실 버의 음모가 성공하느냐 실패하느냐의 여부는 서부의 민심이 얼마나 이탈하는가, 동부의 연방파가 얼마나 음모에 가담하는가, 얼마나 많은 토지 투기업자, 용병 및 공직지망자가 가담하는가, 미국과 스페인이 과연 전쟁을 벌일 것인가, 영국이 얼마나 도움을 줄 것인가 등의 수많은 변수에 달려있었다. 그런데 프론티어 주민들의 기본적인 애국심과 상식, 여기에 버의 동료 음모자인 윌킨슨의 변절이 더해져 버의 음모는 실패로 돌아갔다. 워싱턴으로 날아든 버에 대한 보고서 가운데 가장 놀라운 것은 갑작스럽게 버에게 등을 돌린 윌킨슨이 작성한 것이었다. 1806년, 버는 제임스 윌킨슨과 함께 멕시코를 공격하고 자신을 "멕시코의 황제"라고 칭하려 했으나 윌킨슨은 버를 배신하고 이 사실을 제퍼슨에게 알렸던 것이다.61)

61) Brinkley, pp. 343-344 ; EAR, pp. 146-147.

제퍼슨은 반역자 버의 무리를 체포하라고 명령했다. 버는 연방군에게 체포되어 리치먼드로 호송되었다. 정부는 버를 반역죄로 1807년 봄에 존 마셜이 주재하는 버지니아 순회 법정에 세웠다. 버에 대한 재판은 100일간이나 계속되었다. 버에 대한 재판이 시작되기 직전에 마셜이 쓴 『워싱턴 전기(Life of Washington)』의 마지막 권이 출판되었다. 이 마지막 권에서 마셜은 워싱턴에 반대하는 정치운동의 기원에 대해서 묘사하고 있다. 마셜은 이 책에서 공화파를 '아무런 원칙도 없이 어떠한 정부에도 만족하지 못하는 불평불만가, 조직을 와해시키는 자들의 단순한 집단'으로 그리고 있다.62)

62) Appleby, p. 100.

제퍼슨 대통령의 개인적인 영향력에도 불구하고 1807년

9월 1일에 배심원은 제출된 증거를 토대로 한 결정에서, 버와 그의 추종자들의 반역 혐의에 대해 무죄 결정을 내렸다. 제퍼슨이 지방검사에게 비행 혐의를 강조하라고 촉구했지만 배심원은 또다시 버에게 유리한 결정을 내렸다. 결국 연방 대법원장 마셜과 대법관들은 증거 불충분으로 버에게 무죄 판결을 내렸고, 버는 방면되었다.

1808년 6월, 버는 영국으로 가서 그곳에서 멕시코에서의 혁명이라는 자신의 계획에 대한 공식적 지지를 얻으려 했으나 실패했다. 버는 희망을 버리지 않고 스웨덴·덴마크·독일·프랑스 등 유럽 여러 나라를 전전하며 끝까지 자신의 계획에 대한 지지를 얻으려 했으나 실패하고 말았다. 지독한 가난에 시달리던 그는 1812년 5월, 마침내 미국으로 귀환했으며, 뉴욕시에서 변호사로 지내다 생을 마감했다.[63]

역사학자 브링클리는 버의 음모가 야망을 지닌 한 인간의 이야기일 뿐 아니라, 나아가 신생국 미국이 직면했던 큰 위기를 상징적으로 보여준 사건이라고 파악한다. 권력을 약화시킨 형태로 설계된 중앙정부로 인해 안정적이며 통합된 국가로서의 미국이라는 존재가 아직 완전하게 확보되지 않은 상태였음을 버의 음모가 상징적으로 보여준다는 것이다.[64]

한편, 1806년 10월, 서부로 원정을 떠났던 루이스와 클라크가 안전하게 귀환했다는 소식은 루이지애나 매입이 가져다준 승리의 정점이었다. 여러 가지 면에서 이때가 제퍼슨의 대통령 임기 가운데 가장 절정기였다. 이 무렵에 제퍼슨이 세 번째 임기를 위해 출마할 것을 애원하는 건의서가 백악관 우편함에 쏟아지기 시작했다. 주 의회는 대통령을 인권의 옹호자로 칭하는 결의안을 통과시킴으로써, 공화당의 힘을 보여주기도 했다. 하지만 대통령 제퍼슨의 앞날은 순탄치 않았다. 제퍼슨은 서부 플로리다를 매입하기 위한 돈을 의회로부터 얻어내려고 노력하고 있었다. 그러나 이러한 매입 노력은 실패로 돌아갔다. 매입 과정에서 영토를 사들이려는 제퍼슨의 욕심은 그 자신이 언급했던 공무 수행 원칙과 충돌했다. 즉 협상을 벌이는 과정에서 그는 프랑스인들에게 뇌물을 주는 데 동의했었고, 심지어는 목표를 이루기 위해서 영국과 동맹을 맺는 것까지 고려했었다. 제퍼슨은 두 번째 임기에 이것 말고도 여러 가지 패배에 직면했고, 그 결과 제퍼슨이 지닌 특유의 낙관론도 수그러들게 되었다.[65]

65) Appleby, p. 119.

제퍼슨 대통령의 두 번째 임기말에는 크게 두 가지 갈등이 시작되었다. 하나는 대외적인 것으로, 영프전쟁이 심화되면서 발생한 영국 및 프랑스와의 외교적, 군사적 갈등이 그것이다. 다른 하나는 대내적인 것으로, 인디언과의 갈등이 심화되었다는 사실이다. 백인이 서부로 계속 팽창하자 인디언 부족들은 백인의 침략에 맞서 싸우기 위해 결집하기 시작했던 것이다.

나폴레옹 전쟁 중의 미국 외교

우선 첫 번째 갈등, 즉 영프전쟁이 심화되면서 발생한 영국 및 프랑스와의 외교적, 군사적 갈등에 대해 살펴보자. 제퍼슨의 두 번째 임기 중인 1805년에 유럽에서 나폴레옹 전쟁이 시작되었다. 그런데 영국과 프랑스는 이 나폴레옹 전쟁 이전부터 끊임없이 대립하고 있었다. 사실 영국과 프랑스는 누가 뭐래도 근세의 최고 숙적이었다. 지리상의 발견 이후 계속된 식민지 경쟁에서 최종적으로 승리한 영국은 1763년에 파리조약을 맺어 프랑스를 인도와 아메리카 대륙에서 완전히 굴복시켰다. 이로써 영국과 프랑스의 패권전쟁은 영국의 승리로 마감되는 듯했다. 그러던 중 프랑스혁명이 격화되면서 1793년 1월에 국왕 루이 16세를 단두대에서 처형하자 영국을 비롯한 유럽국가들이 대불동맹을 결성하게 되었고, 영국과 프랑스의 전쟁은 다시금 시작되었다. 1799년에 영국을 중심으로 제2차 대불동맹이 결성되었으나 프랑스의 종신통령이 된 나폴레옹이 이를 격파하였다. 1804년에 나폴레옹이 황제에 즉위하자 이듬해 영국은 제3차 대불동맹을 결성했고, 두 나라 사이의 전쟁은 본격화되었다.

이처럼 18세기 내내 적이었던 영국과 프랑스의 적대관계는 미국에 번영을 가져다주었다. 프랑스는 영국과 전 세계에서 대적하고 있었다. 미국의 상인들은 양국 모두를 위한 중립국 선박을 운영하면서 엄청난 이윤을 챙겼다. 이 날로 늘어나는 통상으로부터의 수입이 제퍼슨으로 하여금 국가 부채를 갚고 재정적인 어려움 없이 루이지애나를 매입할 수 있도록 했던 것이다. 미국의 운송업은 1803년부터 계속 성장하고 있었는데, 1805년 여름에 영국과 프랑스 간의 적대관계가 강화되면서 이 수지맞는 사업이 방해를 받기 시작했다. 대통령 제퍼슨은 이 상황을 모르는 척 넘어갈 수가 없었다. 미국 선박의 중립권을 둘러싼 위기가 정점에 달했기 때문이다.[66]

66) Appleby, p. 120.

제퍼슨은 미국대륙으로의 팽창과 자유무역, 이 두 가지를 자신의 공화주의 외교정책의 기둥으로 삼고 있었다. 제퍼슨이 자유무역을 열렬하게 주장하게 된 데는 모범조약(Model Treaty)의 영향이 크다. 모범조약은 1776년안(Plan of 1776)이라고도 불리는데, 이는 미국혁명기에 마련된 것으로 미국과 타국간의 외교 및 장차 체결할 조약에 관한 이상적인 지침이었다. 모범조약은 전시에 중립국의 권리를 인정함으로써 전 세계의 자유무역이라는 원대한 계획의 토대를 놓았다. 물론 유럽국가들은 거부했지만 제퍼슨은 이 원칙을 열렬히 받아들였다. 이 원칙에 따르면 미국의 농가는 그들의 작물을 유럽국가들 간의 끊임없는 전쟁의 소용돌이 속에서도 두려워하지 않고 전 세계로 자유롭게 보낼 수가 있었다. 흔히들 제퍼슨이 농산물의 자급자족을 지지했다고 생각하지만 그가 강력하게 지지했던 것은 단순한 자급자족이 아니라 미국의 작물 수출에 입각한 농촌의 변화였다.[67]

67) Appleby, pp. 116-117.

미국인들은 자유로운 무역에 대한 믿음을 지니고 있었다. 즉, 그들은 나라들이 상호이익을 토대로 하여 서로 간에 교역을 하는 자연스런 상업적 질서가 자명하다고 여겼다. 중립권을 위한 제퍼슨의 투쟁은 이와 같은 통상의 개념에서 힘을 얻은 것이었다. 제퍼슨의 두 번째 임기가 시작된 것과 나폴레옹이 황제로 즉위한 것은 거의 같은 시기였다. 나폴레옹이 황제로 즉위하자 제3차 대불동맹이 결성되었고, 1805년에 넬슨(Nelson) 제독이 지휘하는 영국해군은 트라팔가(Trafalgar) 해전에서 프랑스해군을 격파했다. 트라팔가에서 승리한 이후에 영국은 공해상에서의 통제권을 장악했다.

해상에서 힘을 쓸 수 없게 된 나폴레옹은 영국을 압박할 다른 방법을 찾아야만 했다. 이렇게 해서 찾아낸 것이 이른바 대륙봉쇄(Continental System)였다. 나폴레옹은 1805년에 트라팔가에서 영국에는 패배했으나 유럽대륙에서는 혁혁한 승리를 거두어 오스트리아, 프로이센, 러시아를 차례로 굴복시키고 유명무실해진 신성로마제국을 해체하는 등, 유럽의 실질적인 지배자가 되었다. 유럽대륙을 제패한 나폴레옹은 홀로 저항을 계속하고 있는 영국을 굴복시키기 위해 1806년에 베를린 칙령을 발령하여 이른바 대륙봉쇄를 감행했다. 대륙봉쇄란 군사적으로 영국을 굴복시키는 데 실패한 나폴레옹이 유럽대륙과 영국과의 통상을 금지함으로써 영국 산업에 타격을 가하고 그럼으로써 그 전력을 약화시키려는 것이었다. 베를린 칙령의 내용은 영국의 항구에 잠시 들르는 모든 선박이, 중립국 선박까지 포함해서, 프랑스와 프랑스의 동맹국의 어떤 항구에도 화물을 내리지 못하도록 하는 것이었다.

1806년 5월, 영국은 이에 맞서 유럽 대륙의 서해안 전체를 봉쇄하겠노라고 선언했다. 영국은 나폴레옹의 대륙봉쇄에 맞서, 나폴레옹이 지배하고 있는 유럽에 운송되는 모든 물품이 항상 영국 선박이나 영국의 항구에 잠시 들르는 중립국 선박으로 운송되어야만 한다고 선포함으로써, 유럽 해안에 봉쇄망을 구축하려 했다.

그런데 영국의 이러한 포고령은 나폴레옹의 칙령과 완전히 반대되는 내용이라는 데 미국의 고민이 있었다. 당시 유럽과 서인도제도 사이의 무역의 대부분을 담당하고 있던 미국은 영국과 프랑스라는 두 강대국 사이에서 이러지도 저러지도 못하는 상황에 처하고 말았다. 미국 선박이 유럽으로 항해할 경우, 나폴레옹의 칙령을 따라 직접 유럽 대륙으로 향했다가는 당시 유럽 최강을 자랑하는 영국해군에 나포될 것이 뻔했다. 그렇다고 영국 정부의 방침을 따라 영국 항구에 들렀다가 유럽 대륙으로 향했다가는 나폴레옹 군대에 나포될 가능성이 컸다. 문자 그대로 고래 싸움에 새우 등 터지는 격이었다. 이 모든 사태가 전쟁을 벌이고 있는 두 강대국, 즉 영국과 프랑스가 중립국인 미국의 권리를 침해한 데서 비롯되었지만 힘이라곤 없는 신생국 미국으로서는 마땅히 대응할 방도가 없었다.

당시에 영국은 두 가지로 미국을 위협하고 있었다. 하나는 1756년의 규칙을 위반한 혐의가 있는 상선을 압류하는 것이고, 다른 하나는 강제징병의 위협이었다. 1756년의 규칙이라는 것은 평시에 허용되지 않은 교역은 전시에도 허용되지 않는다는 내용이었다. 즉, 영국이 미국과 같은 중립국의 교역을 간섭할 권리가 있다는 것이었다. 영국의 해군함정은 미국 해안에서 조금 떨어져 정박해 있으면서 프랑스의 물품을 운송한다고 의심되는 어떠한 배의 화물도 압류할 준비가 되어 있었다. 미국의 대통령으로서뿐만 아니라 정당의 지도자로서 제퍼슨은 미국의 운송업을 방어하려고 했다. 왜냐하면 그것은 북부 공화파에게 매우 중요했기 때문이다.[68]

68) Appleby, p. 122.

강제징병(impressments)이라는 것은 영국해군이 전시에 영국의 선원을 군복무하도록 강제할 수 있는 권력을 지칭하는 법적인 용어였다. 영국해군에 복무하는 것보다 미국의 상선을 타는 것이 훨씬 더 매력적이었기 때문에 영국의 선원들은 빈번히 미국 배의 선원으로서 미국 배를 타고 싶어 했다. 미국의 선장들은 대체로 일손이 부족했기 때문에 탈주병들에게 보통 아무런 질문도 하지 않았다. 또한 미국인이 외국인 선원을 고용하는 것도 불법이 아니었다. 그 결과, 영국의 해군함정은 탈주병들을 수색하기 위해서 미국 배를 정기적으로 정지시키곤 했다. 제퍼슨과 그의 각료들은 영국의 탈주병들이 영국에서 미국 배로 도망치는 것이 너무 쉽다고 걱정하기는 했지만, 미국과 영국 사이에는 상업조약이 존재하지 않기 때문에 자신들이 그러한 관행을 멈출 아무런 의무가 없다고 생각했다. 한때 제퍼슨은 영국해군과의 대결을 피하려고 했다. 그래서 그는 미국 배의 선원들 가운데 영국인이라는 것이 밝혀진 사람들을 모두 돌려보낼까도 생각했었다. 그런데 나중에 알고 보니 미국의 해외교역에 종사하는 18,000명의 선원 가운데 거의 절반이 영국인이었다.[69]

69) Appleby, p. 122.

이처럼 난감한 상황에서 제퍼슨의 외교정책에 대한 비판이 잇달았다. 제퍼슨에 대한 가장 거센 비판은 그 자신의 당인 공화파에서 나왔다. 대통령을 공격하는 것은 1790년대에 제퍼슨이 했던 역할인데, 지금 그 역할을 하는 것은 같은 공화파인 존 랜돌프였다. 랜돌프는 행정부가 하는 일을 하나하나 면밀히 조사해서, 그것이 도덕적인 실패의 증거라고 주장했다. 그는 스페인이 플로리다를 내놓도록 하기 위해서 제퍼슨이 비밀외교를 했으며, 표리부동한 방식을 썼다고 비난했다. 또한 제퍼슨이 나폴레옹의 전제정에 대항해서 싸우고 있는 영국을 성가시게 했다고 비난하기도 했다. 랜돌프의 제퍼슨에 대한 비난은 시간이 가면서 확고한 반대로 굳어져 갔다. 랜돌프의 행동은 권력을 잡고 있는 사람과 권력 밖에 있는 사람, 그리고 책임을 지고 있는 사람과 그 사람에 반대하는 사람 사이의 차이를 잘 보여주는 본보기이다. 공화파는 일찍이 연방파가 집권하고 있을 때, 연방파가 원칙보다는 국가의 이익을 더 우선시한다는 이유로 비난했었는데 제퍼슨이 지금 하고 있는 일이야말로 원칙보다 국가의 이익을 더 우선시하는 바로 그것이었다.[70]

70) Appleby, pp. 122-125.

랜돌프는 의회에서의 연설과 제퍼슨의 정책에 대한 비판적인 편지들의 출간을 통해서 제퍼슨 행정부와 결별했다. 미국의 농작물이나 생산품과는 아무런 관계가 없는 중립국 운반선 교역이 증가하고 있다는 사실은 미국의 미래가 상업에 있다는 것을 분명히 보여주고 있었다. 하지만 랜돌프에 따르면, 영국의 봉쇄를 뚫고 프랑스에 물품을 운반해주는 것으로 돈을 버는 것은 미국의 위신을 떨어뜨리는 일이었다. 영국이 생존을 위해 그토록 애쓰고 있는데, 그 시기를 미국이 이용하는 것은 관대하지 못하다는 것이 랜돌프의 결론이었다.[71]

71) Appleby, pp. 123-124.

한편, 영국군은 공해상에서 중립국인 미국의 선박을 계속해서 나포했다. 선주들과 보험업자들로부터의 건의서가 워싱턴에 쏟아져 들어오기 시작했다. 영국군이 미국의 선박을 나포함으로써 보험료가 천정부지로 치솟았기 때문에 미국 상인들은 들고일어날 기세였다. 1806년 초에 대통령 제퍼슨은 영국과의 대결을 회피하기 위해서 마련된 온건한 수입금지법(Non-Importation Act)을 통과시킬 것을 권고하면서 의회에 건의서를 제출했다. 1807년 초에 나폴레옹은 영국의 봉쇄에 맞서서 영국을 봉쇄할 것을 선언하는 베를린 칙령을 발표했다. 그러자 영국은 중립국 선박이든 아니든 간에, 모든 선박이 카리브 해에 있는 프랑스 항구들 사이에

서 이루어지는 해안 교역에 종사하는 것을 금지시켰다.[72]

이러한 상황에서 1807년 6월에는 체사피크-레퍼드호 사건이 일어났다. 이 사건은 영국 전함 레퍼드(Leopard)호가 미국 선박 체사피크(Chesapeake)호를 수색하려다 발포하여 미국인 선원 3명이 사망하고 18명이 부상한 사건으로, 제퍼슨이 출항금지법을 제정하게 된 계기가 되었다.

영국 수병들은 채찍질과 낮은 임금, 열악한 함선 상태 때문에 영국해군을 해상에 '떠다니는 지옥'이라고 불렀다. 자원입대한 수병은 거의 없었다. 대부분이 강제로 징병된 사람들이어서, 이들은 기회가 있을 때마다 탈영을 시도했다. 1807년경에는 많은 탈영병들이 미국으로 건너가 미국 상선에 오르거나 미국해군에 입대했다. 영국은 이러한 인력 손실을 막기 위해 미국 상선을 정지시켜 수색을 하고 탈영병을 재징병할 수 있는 권리를 주장하고 나섰다. 하지만 미국인들은 이 재징병을 미국의 독립을 침해하는 것으로 이해했다. 실제로 영국은 영국인 탈영병과 미국 태생의 미국인을 종종 주의 깊게 구분하지 않고서 똑같이 영국 해병으로 징발해갔기 때문이다. 이 갈등이 절정에 달한 것이 바로 메릴랜드 연안에서 발생한 체사피크-레퍼드호 사건이었다.

1807년 여름, 영국 함선 레퍼드호가 영국해군의 탈영병으로 보이는 몇몇 사람들을 승무원으로 승선시키고 버지니

[72] Appleby, p. 125.

아 주 노퍽(Norfolk)에서 출발한 미국해군의 소형 구축함 체사피크호에 대포알을 퍼부었다. 영국인들은 수개월 전에 노퍽에서 사라진 영국해군의 탈주병들을 체사피크호에서 찾으려고 했는데, 체사피크호의 부함장 제임스 바론(James Barron)이 배를 수색하겠다는 영국의 요구를 거부하자 레퍼드 호가 발포한 것이었다. 바론은 투항할 수밖에 없었고, 영국 해병들이 레퍼드 호에서 건너와 끝내 미국 구축함에 승선해서 영국해군으로부터 탈주했다고 믿어지는 4명의 탈주병을 데려갔다. 이 사건으로 미국인 3명이 사망하고 18명이 부상했다.[73]

73) Brinkley, pp. 346~347.

레퍼드 호에 의한 공격은 일종의 전쟁행위로써 제퍼슨을 분노케 했다. 그는 자신의 내각을 워싱턴에 불러 모았다. 하지만 헌법에 의하면 전쟁을 선언할 권한은 의회에 있었으며, 의회는 앞으로 4개월간 소집되지 않을 것이었다. 제퍼슨은 평화를 유지하는 것 이외에는 방법이 없었다. 그는 향후 일어날 수 있는 사건들을 최소화하기 위해 모든 영국 군함을 미국 영해에서 추방했다. 그런 다음 영국에 주재하고 있던 미국대사 제임스 먼로에게 영국정부에 징병 중지를 요구하라고 지시했다. 영국정부는 레퍼드호 함장의 행동을 부인하며 그를 소환했다. 또한 이번 사건에서 발생한 사망자와 부상자에 대한 배상을 제의하고, 체포된 3명을 미국으로 되돌려 보내겠다고 약속했다(4명 가운데 1명은 교수형에 처해졌다). 그러나 영국의 내각은 징병 중지를 거부하면서 탈영 수병을 재징병할 권리를 주장했다.[74]

74) Appleby, pp. 125-126 ; Brinkley, pp. 347-348.

제퍼슨은 중립권을 옹호하면서 미국의 해상과 항구에서 영국해군에 대한 환대를 거둬들이는 것을 선언하는 선언문을 공포했다. 대통령과 각료들과 의회가 영국이 미국의 공식적인 항의에 어떻게 대응하는가를 보기 위해서 기다리는 동안 영국은 미국의 배를 더욱더 못살게 굴었다. 프랑스도 영국만큼이나 중립국 선박인 미국의 선박을 못살게 굴었다. 그 결과 압수된 미국의 화물은 그 양이 점점 늘어났고, 탈주병을 찾기 위해서 미국 배를 수색하는 횟수도 잦아졌다. 1807년에 프랑스에 빼앗긴 화물의 총액은 1,000만 달러 정도였고 영국에 몰수된 것은 그 몇 배에 이르렀다.[75]

75) Appleby, p. 126.

출항금지법

1807년 말, 제퍼슨은 또다시 전쟁의 위기로 치달을지 모를 미래의 분쟁을 예방하기 위해 연방의회를 설득하여 과감한 정책을 통과시켰다. 이것이 바로 출항금지법(Embargo)으로, 미국 선박이 미국을 떠나 세계의 어느 외국 항에도 가지 못하도록 출항 자체를 금지시킨 법이었다.

출항금지법에 대해 좀 더 자세히 이야기해 보자. 체사피크-레퍼드호 사건에 대해 제퍼슨이 취한 조치 중 하나는 영국배의 미국해역 항해를 금지하는 포고령을 발한 것이었다. 그다음 행동이 1807년 12월의 수입금지법이었다. 수입금지법은 대통령이 특별히 허용하지 않는 한, 미국배가 외국해역을 항행하는 것을 금지하며, 해로든 육로든 미국이 수출하는 것을 금지하고, 특정한 영국 물품이 미국에 들어오는 것도 금지했다. 수입금지법을 시작으로 제퍼슨정부는 1807~1808년 사이에 일련의 출항금지법을 시행하기 시작했다.[76]

[76] *EC*, p. 227.

출항금지법은 미국인과 그들의 재화가 아무런 피해를 입지 않도록 할 수 있을 것이며, 전쟁의 위험도 최소화할 것이다. 또한 그것은 영국의 재정형편을 어렵게 할 것이다. 또는 적어도 미국으로의 수출에 의존하고 있는 강력한 영국인들의 재정형편에 타격을 줄 것이다. 이 모든 것이 제퍼슨이 출항금지법을 내놓으면서 바라마지 않았던 것들이다.

1807년 12월 18일에 대통령은 수입금지법을 통해서 의회에 모든 국제해상운송을 완전히 금지시킬 것을 요구했으며, 또한 군비를 증강할 수 있는 권한을 요청했다. 상원은 대통령의 요청에 따라서 재빨리 행동했으며, 일주일 후에 하원도 상원을 따랐다. 낙관론자인 제퍼슨은 이듬해 봄에

는 영국과 프랑스가 미국의 중립국으로서의 권리를 인정함으로써 갈등이 해결될 것이라고 예상했다.77)

77) Applebie, pp. 126-127.

출항금지법은 당시 가장 중요한 미국의 활동 가운데 하나인 외국과의 교역에 치명타를 가했다. 1783년, 유럽에서 전쟁이 발발한 이후에 미국은 중립국이라는 이점을 이용해서 해외무역을 지배해왔다. 커피, 설탕, 차, 후추 같은 열대 산물을 실은 대부분의 배는 유럽으로 가기 전에 우선 미국의 항구에 입항했다. 그러면 그 화물은 탈취당하지 않도록 중립국인 미국 선박에 재(再)선적되었다. 유럽전쟁은 또한 곡물 및 면화 재배업자에게도 매우 유리했다. 그 당시 미국 경제의 앞날은 중립국의 지위를 유지할 수 있는가에 달려 있었다. 하지만 출항금지법이 통과된 뒤에 미국의 수출은 80%나 감소했다.

1808년 1월에 제퍼슨은, 미국선박의 외국해역 항행 금지 규정을 위반한 모든 미국선박은 선박과 그 선박의 화물의 가치의 두 배에 해당하는 요금을 지불해야만 한다는 것을 내용으로 하는 두 번째 출항금지법을 통과시켰다. 많은 상인들이 출항금지법의 규정을 따르지 않자 1808년 3월에는 해로든 육로든 어떠한 물품의 수출도 금지하며, 이 규정을 위반하는 자에게는 최고 1만 달러의 벌금형에 처하는 것을 내용으로 하는 세 번째 출항금지법이 통과되었다. 1808년 4월에는 강제집행법(Enforcement Act)으로 알려진 네 번째 출항금지법이 통과되었다. 내용은 출항금지법을 위반한 상인들을 항구 당국자가 재판에 회부할 수 있도록 하는 것이었다.[78]

78) EC, p. 227.

물론 출항금지법은 지독히도 인기가 없었다. 연방파는 출항금지법이 사실은 영국을 겨냥한 것이라는 소문을 퍼뜨렸다. 그리고 대통령의 정책, 즉 출항금지법의 배후에는 프랑스의 영향력이 존재한다는 소문을 퍼뜨린 연방파 의원과 이에 항의하는 공화파 의원 사이에 의회 내에서 싸움이 벌어졌고, 이것이 미국 역사상 의원들 간에 벌어진 첫 번째 결투로 이어지기도 했다.[79]

79) Appleby, p. 127.

평화를 추구하는 제퍼슨은 전쟁에 대한 유일한 대안이 출항금지법이라고 확신했기 때문에 출항금지법이 자신이 소중히 하던 모든 정치적 원칙을 위협했음에도 불구하고 내버려 두었다. 1808년 가을, 새로운 대통령을 선출할 시기가 되었을 때에 출항금지법은 시행한 지 거의 1년이 다 되어가고 있었다. 출항금지법은 한마디로 미국의 해운업자들과 농부들, 수공업자들 그리고 조선공들에게 엄청난 손실을 입혔다. 미국의 중립권을 존중해 줄 때까지 영국 및 프랑스와의 무역을 일체 금지하는 이 법은 미국 전역에 심각한 경기 불황을 초래하기에 충분했다. 대부분이 연방파였던 북동부의 상인 및 선주들에게 불황의 냉혹한 한파가 가장 크게 엄습했다. 이는 공화파에게 매우 불리한 결과를 가져왔다. 무역에 많이 의존하는 뉴잉글랜드 지방은 다시 연방파를 지지하기 시작했기 때문이다. 1808년 대통령 선거는 출항금지법이 초래한 불황 속에서 치러졌다. 매디슨이 대통령으로 당선되었지만, 1804년에 이어 재출마한 연방파 후보 찰스 핑크니가 이전보다 더욱 강력하게 추격해왔다.[80]

퇴임할 시기를 얼마 남겨놓지 않은 제퍼슨은 출항금지법을 어떻게 마무리 지었는가? 역사학자 브링클리는 제퍼슨이 출항금지법으로 정치적 부담이 점점 더 커지자, 이를 철회하기로 결정했다고 주장한다. 그래서 제퍼슨은 대통령 임기 종료 며칠 전, 자신이 말한 이른바 '평화로운 강제(peaceable coercion)', 즉 출항금지법을 푸는 법안을 승인했다는 것이다.[81] 말하자면 자기가 만든 법을 스스로 없애는 결자해지(結者解之) 방식을 택했다는 것이다.

[80] Appleby, p. 128 ; Brinkley, p. 348.

[81] Brinkley, p. 348.

하지만 이 문제에 대한 역사학자 애플비의 해석은 전혀 다르다. 제퍼슨에게는 1808년 12월에도 출항금지법을 포기할 마음이 전혀 없었다는 것이다. 애플비에 따르면, 자기 손으로 만든 출항금지법을 포기할 마음이 없었던 제퍼슨은 새로운 전술을 찾아냈다. 새로 들어오는 대통령 제임스 매디슨으로 하여금 어떻게 할지 결정하도록 하자는 것이었다. 제퍼슨의 고향 후배이자 정치적 동지이기도 한 매디슨은 1801년 이래 제퍼슨의 국무장관으로서 미국외교에 긴밀히 관여하고 있었다.[82]

82) Appleby, p. 128.

출항금지법의 마무리에 관한 해석은 브링클리보다는 애플비의 해석이 더 정확한 것 같다. 뒤에 설명하겠지만, 제퍼슨 자신은 끝까지 출항금지법 폐기에 직접 나서지 않고, 의회가 하도록 내버려두었기 때문이다.

1808년의 대통령 선거가 끝난 때부터 퇴임할 때까지 약 3개월간 제퍼슨은 국가의 통솔권을 매디슨과 재무장관 앨버트 갤러틴에게로 이양했다. 1808년에서 1809년으로 넘어가면서 제퍼슨의 관심은 고향집으로 고정되었다. 그는 대통령 관저의 신문 구독을 취소하는가 하면, 자신의 가구와 와인과 책을 고향집인 몬티셀로로 돌려보내기 시작했다. 의회의 선거는 제퍼슨의 출항금지법이 인기가 없다는 것을 반영했다. 공화파는 상원의 의석은 지켰으나 하원에서 24개의 의석을 잃어 마침내 94대 48로 마감했다. 그럼에도 이 숫자는 여전히 공화파의 압도적인 우세를 보여주는 것이었다. 출항금지법, 그리고 그것을 집행하고 있는 정부에 대한 분노는 동북부에서, 특히 매사추세츠에서 가장 컸다. 해안에 있는 도시들은 격분해서 대규모 시위를 벌여 제퍼슨 대통령을 맹비난하는 결의를 했고, 그로 인해 그 지역에서는

연방으로부터의 분리·독립에 관한 얘기가 힘을 받았다.[83]

이 수개월이 제퍼슨의 대통령 재임기간 가운데 최악의 시점이었다. 뉴잉글랜드 사람들은 출항금지법에 대해서 공개적으로 저항하겠노라고 위협하고 있었고, 한편에서는 의회가 반전(反戰)진영과 반(反)출항금지법 진영으로 나뉘어져서 어찌할 바를 모르고 있었다. 하지만 게임은 이미 끝났다. 1809년 초쯤에는 출항금지법을 폐기하지 않으려면 두 가지 대안밖에 없었다. 전쟁을 하느냐, 아니면 연방을 위협하는 조치인 출항금지법을 지속하느냐의 두 가지 대안 밖에는 없었다. 제퍼슨이 대통령직에서 물러나기 사흘 전인 1809년 3월 1일에 의회는 이 일련의 출항금지법을 폐기하기로 의결했다. 대신에 출항금지법을 대체할 통상금지법(Non-Intercourse Act)을 통과시켰고, 이 법에 따라 미국은 영국과 프랑스를 제외한 모든 국가와 무역을 재개했다. 출항금지법의 폐기는 3월 4일에 발효될 예정이었는데, 이때에는 새로운 대통령인 매디슨이 이미 재직하고 있을 것이었다. 자신의 정책이 실패로 돌아갔다는 것을 대면하고 싶지 않았던 제퍼슨은 의회가 출항금지법이라는 원칙적인 입장으로부터 후퇴했다는 것에 대해서 한탄했다.[84]

출항금지법은 전쟁을 피하기 위해서라면 극단적인 양보도 기꺼이 하겠다는 제퍼슨의 의지를 반영한 것이었다. 그러나 불행히도 이것은 전혀 먹혀들지 않았다. 영국과 프랑스 중 어느 쪽도 양보를 하지 않았기 때문이다. 미국의 해운업자에 대한 영국과 프랑스의 괴롭힘은 영국이 워털루전투에서 나폴레옹을 패배시킬 때까지 계속됐다. 그러는 동안 미국의 통상은 말라 죽어가고 있었다. 서로 싸우는 국가들의 희생양이 되느니 차라리 국제무역에서 손을 떼겠다는 미국의 의지는 아무 소용이 없었다. 그나마 공화파의 인기가 제퍼슨의 고집을 간신히 지탱해주고 있었다. 하지만 결국에 가서는 공화파 의원들조차 손을 들었다. 애플비에 따르면, 마지막 수개월 동안에 제퍼슨의 입장은 더욱 교조적이 되어갔다. 점점 더 제퍼슨은 선의 세력이 악에 맞서서 이기기 위해 투쟁하고 있다고 생각하게 되었다. 만일 출항금지법이 실패한다면 그것은 힘과 도덕 중에서 도덕이 지는 것이었다. 마침내 출항금지법이 패배함으로써 힘이 옳다는 것이 입증되었다.[85]

85) Appleby, pp. 129-130.
86) Bailey, p. 44.

베일리는 출항금지법이 대통령이 강제로 통과시킨 가장 엄하고 독재적인 법안 중의 하나라고 혹평하였다.[86] 사실 제퍼슨은 전쟁 중인 영국과 프랑스에 대항해 미국의 교역을 보호한다는 명목으로 일련의 억압적인 출항금지법을 제정했고, 이 법을 통해서 1년도 넘게 미국의 모든 무역을 금지시켰던 것이다. 이 점에서 출항금지법은 가장 엄하고 독재적인 법안 중의 하나라는 혹평을 들을 만하다.

하지만 제퍼슨이 출항금지법을 제정하면서 미국이 경제적 보이콧을 하면 유럽국가들이 미국의 항해권을 존중할 것이라고 기대했다는 사실을 접하게 되면, 이 법은 가장 엄하고 독재적인 법안 중의 하나가 아니라 오히려 가장 감상적이고 무지한 법안 중의 하나라는 생각이 든다. 지금까지 살펴본 바로는, 제퍼슨은 정치적 감각이 상당한데다 의원들과의 개별적인 접촉 등을 통해서 의회를 장악하고 있는 대통령이었다. 사실 제퍼슨은 대중적인 인기에 힘입어 국내정치에서는 어느 정도 그 역량을 발휘했던 것이다. 하지만 출항금지법과 관련해서 보면, 국내정치에서와는 전혀 딴판인 대통령 제퍼슨이 보인다. 그는 출항금지법과 관련해서는, 국제정치에서는 도덕이 아니라 힘이 지배한다는 단순한 원리를 전혀 깨닫지 못한 것처럼 행동했다. 이는 제퍼슨이 그 원리를 정말로 깨닫지 못했든지, 원리는 알되 힘이 없어서 도덕에 의지했든지 둘 중 하나이다. 전자라면 무지한 정치가인 것이고, 후자라면 왜 그토록 힘이 없었는지 생각해볼 일이다. 이 문제는 뒤에 다시 다루기로 하자.

인디언과의 관계

지금까지는 제퍼슨 대통령의 두 번째 임기말에 시작된 갈등 가운데 대외적인 것, 즉 나폴레옹 전쟁이 심화되면서 발생한 영국 및 프랑스와의 외교적, 군사적 갈등에 대해 살펴보았다. 이제부터는 대내적인 것, 즉 인디언과의 갈등에 대해 이야기해보자.

대통령이 됨으로써 제퍼슨은 인디언과 백인과의 관계를 마음먹은 대로 만들어 나갈 수 있었다. 그렇다면 대통령이 되기 전에 제퍼슨은 인디언에 대해 어떤 생각을 가지고 있었으며, 어떤 정책을 취했는가?

미국 혁명으로 인디언 영토에 대해 미국의 주장을 내세울 수 있는 기회가 새롭게 만들어졌다. 독립전쟁 중에 버지니아의 지사를 역임하고 있던 제퍼슨은 프런티어의 지도자인 조지 로저스 클라크(George Rogers Clark)의 야망에 찬 서부캠페인, 즉 서쪽으로 나아가자는 캠페인을 열렬히 지지했다. 제퍼슨은 클라크에게 편지를 썼는데, 그 내용은 만일 미국이 인디언과의 전쟁을 수행하려고 한다면 그 목표는 인디언을 전멸시키거나 아니면 그들을 일리노이강 너머로 내모는 것이어야 한다는 것이었다. 그리고 편지에는 그들과 우리가 똑같은 세상을 공유할 수는 없다는 내용도 들어 있었다. 서부로의 팽창을 갈망한다는 점에서 제퍼슨은 미국의 많은 다른 지도자들과 결코 다를 것이 없었다. 그런데 그가 아메리카의 대륙 전체를 차지하는 것을 목표로 삼았을 때, 그 목표란 같은 언어를 말하고, 비슷한 형식과 비슷한 법으로 통치되는 사람들로 채워진 대륙을 뜻하는 것이었다.[87]

87) Appleby, pp. 103, 106-108.

88) Appleby, p. 105.

제퍼슨은 대통령이 되자 전임자의 관례를 따라서 가능할 때에는 언제나 인디언 종족으로부터 토지를 구매했다.[88] 그리고 제퍼슨은 임기 초반부에는 인디언들이 진보의 대열에 합류하도록 온건한 정책을 추구했다.

그는 미시시피강 동쪽지역을 미국의 영토로 선언하고, 쇼니족의 추장 테컴서(Tecumseh)를 비롯한 동부 인디언들을 백인문화로 편입시키고, 일부 인디언들은 미시시피 서부로 몰아내는 정책을 추진했다. 그리하여 제퍼슨은 인디언에게 두 가지 해결책을 제의했다. 인디언들이 농민으로 정착해 백인 사회의 일원이 되든가, 아니면 미시시피강 이서지역으로 이주하든가 둘 중 하나를 선택하라는 것이었다. 이것은 역사가 앨런 브링클리처럼, 제퍼슨이 인디언들에게 미국 문명화를 강요한 것으로 해석할 수도 있지만,[89] 아프리카인들과 달리 인디언들은 만약 그들이 원하기만 한다면 국민의 대열에 합류할 수 있었다는 의미이기도 했다.

89) Brinkley, p. 311.

제퍼슨이 추구한, 인디언들에게 농사를 짓게 만드는 정책은 구체적으로 어떤 내용이었는가? 이 방식은 미국인들과 교역을 하는 인디언들에게 빚을 지게 하는 정책이었다. 일단 빚을 지게 한 뒤에 원주민의 넓은 수렵지를 조그마한 농경지와 바꿈으로써 그 빚을 쉽게 탕감할 수 있게 하는 그런 방식이었다. 제퍼슨이 이러한 방식을 정당화할 수 있었던 것은 인디언 종족의 삶은 결국은 파멸하고 말 것이라고 믿었기 때문이다.[90]

제퍼슨이 이런 동화정책을 추진할 수 있었던 것은 제퍼슨과 그 추종자들이 인디언들이 미개하지만 문명화시킬 수 있는, '고상한 야만인(noble savages)'이며, 따라서 백인 문화 속에서 인디언들을 교육한다면 그들 역시 '향상될' 것이라고 생각했기 때문이다.[91]

인디언의 입장에서 보면 백인사회에 동화를 하든, 이주를 하든, 어느 경우든 간에 북서부 지역 내 부족 소유의 토지에 대한 권리를 포기해야 하는 것은 마찬가지였다. 1801년, 제퍼슨은 '인디언 문제'와 관련해 자신이 제안한 해결책을 실행에 옮기기 위해 윌리엄 헨리 해리슨(William Henry Harrison)을 인디애나 영지의 지사로 임명했다.

제퍼슨은 이러한 동화정책이 인디언과 백인 정착민 사이에 계속되어 온 갈등을 온건하게 해결할 수 있는 대안이라

---

90) Appleby, p. 107.

91) 그래서 인디언들 가운데서 선교사와 선교학교(mission school)가 급격히 늘었다. 그러나 아프리카 흑인 노예를 대상으로 하는 교육은 이와 비교할 만한 것이 전혀 없었다. Brinkley, p. 311.

고 여겼다. 그러나 이 새로운 정책은 인디언에게 전혀 온건한 것이 아니었다. 특히 해리슨이 이 동화정책을 집행하기 위해 계획한 효율적인 무력적 수단을 고려한다면 더더욱 아니었다고 할 수 있다. 해리슨은 위협과 매수, 사기뿐만 아니라 도움이 될 만하다고 생각되면 가리지 않고 모든 수단을 사용했다. 1807년경, 미국은 양도를 꺼리는 인디언 지도자들과 억지로 조약을 체결해 미시간 동부와 인디애나, 남부 일리노이 거의 전 지역에 대한 권리를 얻었다. 그 사이 남서부 미국인들은 조지아와 테네시, 미시시피에 있는 여러 인디언 부족에게서 수백 만 에이커의 토지를 빼앗았다. 인디언들은 필사적으로 저항하려 했으나, 각각이 분산되어 있던 부족들로서는 미국의 무력 앞에 속수무책일 수밖에 없었다.[92]

[92] Brinkley, pp. 350~351.

제퍼슨이 이처럼 인디언들을 문명화시키는 대신에 그들을 본격적으로 내모는 것을 고려하기 시작한 것은 루이지애나를 매입한 후였다. 루이지애나 매입으로 인디언들을 정착시키는 것이 더욱 급박하게 되었다. 그러나 인디언들 대부분이 생활방식을 바꾸라는 호소에 아무런 관심이 없다는 것이 판명되자 제퍼슨은 인디언들이 역사의 진보조차 그들을 피해갔던 야만인이라고 확신하게 되었다. 제퍼슨은 계몽사상가임에도 불구하고 인디언이 후진적이라고 믿었

던 것이다.93)

제퍼슨은 테컴서와 그의 동생이면서 '예언자'로 알려진 텐스콰타와(Tenskwatawa)가 그들의 종족들에게 어떠한 땅도 팔지 말라고 독려하고 있다는 소식을 들었을 때 매우 화를 내면서 전쟁장관에게 편지를 썼다. 그 편지에는 '인디언을 전멸시키든가 아니면 미시시피강 너머로 내몰든가'라는 구절이 들어있다. 또한 같은 글에서 제퍼슨은 '그들이 우리 가운데 일부를 죽이면 우리는 그들 모두를 죽일 것이다'라는 거친 표현을 쓰기도 했다.94)

제퍼슨은 인디언을 애팔래치아 너머 서쪽으로 쫓아내는 방법을 부지런히 생각해내려고 노력했는데 이는 미국인 가운데 백인 보통 사람들의 바람에 부응한 것이었다. 제퍼슨에게 있어서 서부는 '자유의 제국'이었다. 이때 자유란 유럽과 같은 위계질서가 없고, 후진적인 인종이 존재하지 않는 백인 남성의 자유였다. 그러므로 서부란 자급자족적이고 자유를 사랑하며 활기에 찬 백인 남자가 자신의 독립적인 가족의 지지를 받아서 새로운 시작을 할 수 있는 그러한 곳이었지, 인디언에게는 해당되지 않는 곳이었다.95)

제퍼슨의 재임 기간에 남부에서 인디언의 이주가 시작되었는데, 이 이주 대상에서 문명화된 다섯 부족은 제외되었다. 크릭족이 앨라배마에서 나가기를 거부하자 앤드루 잭슨이 이끄는 테네시 민병대가 그들을 살육하고 서부로 몰아냈다.

테컴서 형제는 미국정부에 대항하기 위해 여러 부족의 인디언들과 연합작전을 구상하기 시작했다. 테컴서가 이러한 군사작전의 지도자로 등장했다. 그는 결집된 행동만이 백인 문명의 끊임없는 침략을 막아낼 수 있다는 사실을 알았는데, 이는 대부분의 인디언 지도자들이 깨닫지 못했던 것이었다. 테컴서는 1809년부터 미시시피강 유역에 있는 모든 인디언 부족을 통합하기 시작해 테컴서 연합(Tecumseh confederacy)이라는 동맹을 결성했다. 하지만 제퍼슨의 퇴임 후인 1811년, 해리슨 지사의 무력 공격으로 테컴서 연합은 와해되고 말았다.[96]

인디언 추장 테컴서

[96] Brinkley, pp. 352-353.

대통령 제퍼슨에 대한 평가

출항금지법이 실패하고 수천의 주민들이 저주하는 가운데 제퍼슨은 대통령직을 떠났다. 그는 국외에서의 조화와 국내에서의 평안을 위한 기원으로 취임사를 시작했지만 국외에서의 적대감과 국내에서의 분열을 일으킨 채 대통령직을 떠나게 된 것이다. 제퍼슨은 굉장히 운이 좋았던 루이지애나 지방 매입으로 분에 넘치는 명성을 얻었으나 두 번째 임기말엽에는 극적으로 실패한 출항금지법으로 이러한 명성을 잃게 되었다.[97]

97) Bailey, p. 45.

앞에서 우리는 제퍼슨이 출항금지법을 제정하면서 미국이 경제적 보이콧을 하면 유럽국가들이 미국의 항해권을 존중할 것이라고 기대했었다는 것을 알게 되었다. 그러면서 제퍼슨이 왜 그토록 실효성이 없는 출항금지법에 매달렸는지 궁금해졌다. 제퍼슨이 평화를 원했기 때문이라는 어느 학자의 설명도 그다지 타당성 있게 들리지는 않는다. 출항금지법과 관련해서 제퍼슨은 국제정치에서는 도덕이 아니라 힘이 지배한다는 단순한 원리를 전혀 깨닫지 못한 것처럼 행동했다. 제퍼슨이 국제정치에서의 힘의 논리를 전혀 모르는 무지한 정치가일 리는 없다. 그는 수년간 외교관으로 우수하게 복무했기 때문이다. 그러므로 우리가 추론할 수 있는 것은 제퍼슨이 그 원리는 알고 있으되 힘이 없어서 도덕에 의지했으리라는 것이다.

당시의 미국은 왜 그토록 힘이 없었을까? 베일리는 제퍼슨이 육군과 해군을 잔해만 남게 감축했기 때문이라고 주장한다. 그래서 전쟁을 벌이고 있는 유럽의 강대국들을 다

루는 데 있어, 외교문서를 제외하고, 제퍼슨이 지닌 유일한 무기가 출항금지법이었다는 것이다.98)

이 모든 것이 제퍼슨의 헌법관에서 비롯된 것이라는 주장도 있다. 최소한의 정부가 좋은 정부라는 전제 아래 헌법의 엄격한 해석을 지지하는 제퍼슨의 헌법관이 육군과 해군의 돌연한 해체, 사실상 모든 연방세의 폐지, 그리고 평화주의 외교정책을 가져왔다는 것이다. 그것은 또한 해밀턴이 설립한 미국은행의 소멸을 가져왔다. 그리고 이 모든 것이 합쳐져 궁극적으로 거의 재난에 가까운 1812년의 전쟁, 즉 미영전쟁을 초래하고 말았다. 이런 까닭에 제퍼슨의 후임 대통령인 매디슨은 자신의 공화주의 입장 중 상당부분을 철회했다. 심지어 의회에 제2의 미국은행을 허가해줄 것을 요청하기도 하고, 영국과의 전쟁을 선언하기까지 했다.99)

1800년의 대통령 선거에서 승리함으로써 제퍼슨과 그를 따르는 공화파는 미국 최초로 정권교체에 성공해서 중앙정부의 권력을 차지했다. 제퍼슨은 자신의 대통령 당선을 '1800년의 혁명'이라 일컬었고, 지지자들은 제퍼슨의 승리가 미국의 성격에 극적인 변화를 가져오리라고 믿었다. 그 변화란 강력하고 발전적인 국가라는 해밀턴의 꿈에서 벗어나 꾸밈없는 농본주의 공화국의 이상으로 복귀하는 일이었다.100)

요약하면 제퍼슨을 비롯한 공화파가 추구하는 미래는 크게 두 가지였다. 하나는 그들이 단순한 농본주의 사회를 추구했다는 것이다. 그들은 착실하고 독립적인 자영농들이 자유로이 행복을 영위하는 사회를 선호했다. 거기에는 유럽식 공장도 산업도시도 도시의 폭도도 없었다. 다른 하나는 그들이 제한된 정부(limited government), 즉 작은 정부를 선호했다는 것이다. 그들은 중앙집권 대신에 지방주의를 선호했으며, 공화주의적 단순성을 찬양했다. 그러다보니 엄격하게 권력이 제한된 작은 연방정부를 추구했던 것이다. 하지만 제퍼슨을 비롯한 공화파가 계획한 대로 실현된 것은 거의 없었다. 그들이 권력을 차지하고 있는 동안 신생 공화국 미국은 그들의 구상을 무용지물로 만드는 방향으로 발전했기 때문이다. 우선, 미국 경제는 꾸준히 다양해지고 복잡해져 단순한 농본주의 사회라는 이상을 유지할 수 없었다.[101]

101) Brinkley, pp. 306-307.

1800년경까지도 미국은, 급속한 산업주의의 발흥에도 불구하고, 여전히 압도적으로 농본적이며 전원적인 국가였다. 1800년에도 총 인구의 약 3%만이 인구 8,000명 이상의 타운에 거주했다. 7만 명이 거주하는 필라델피아와 6만 명의 인구를 가진 뉴욕 등, 미국에서 가장 큰 도시조차 런던이나 파리 같은 유럽의 수도와는 비교할 수 없었다. 그래서 형성 과정에 있는 이 미숙한 나라가 복잡한 근대 사회를 이룰 가능성은 적다고 믿는 사람들도 일부 있었다. 그러나 이미 작동을 시작한 역사의 추동력이 곧 미국을 영구히 변화시킬 것이고, 농본주의라는 이상에 평생을 바쳐왔던 제퍼슨도 대통령으로서 이러한 변화를 직시하고 수용해야 했다.102)

102) Brinkley, pp. 324-325.

미국 사회가 워낙 급속도로 변화하고 있었기에 제퍼슨파의 꿈이 실현되기란 현실적으로 불가능했다. 미국의 인구는 나날이 증가했을 뿐 아니라, 다양화되고 있었다. 도시는 발전을 거듭했고 교역활동도 중요성을 더해 갔다. 1803년에는 제퍼슨 자신이 미국의 성장에 가장 중요한 기여를 하기도 했다. 바로 루이지애나를 매입한 일이었다. 이로써 미국의 물리적 경계가 극적으로 확대되었으며, 백인 정착촌이 아메리카 대륙 깊숙이 확장되기 시작했다.103)

103) Brinkley, pp. 364-365.

제퍼슨을 비롯한 공화파가 추구하는 또 하나의 목표, 즉 제한된 작은 연방정부라는 꿈도 마찬가지로 실현되지 못했다. 제퍼슨은 대통령이 되기 전까지는 강력한 행정부에 대해 내내 의구심을 지니고 있었다. 하지만 제퍼슨은 역설적이게도 미국 역사에서 가장 강력한 대통령 가운데 한 사람이었다. 그는 건국의 아버지들이 고안한 미묘한 견제와 균형을 타파하기 위해 의회 내의 위원회와 당 간부를 통해

아주 능숙하게 의회를 통치하였다. 한마디로 대통령 제퍼슨은 의회의 조정자로서 아주 성공적이었다.[104] 또한 제퍼슨은 루이지애나 매입이나 통상금지법의 시행에서 보듯이, 연방정부의 권력을 강력하게 행사했다. 제퍼슨 행정부의 이러한 통치는 제한된 작은 연방정부를 꿈꾸었던 초심과는 거리가 먼 것이었고, 오히려 해밀턴이 꿈꾸던 강력하고 발전적인 국가를 건설하는 데 기여했다.

[104] Bailey, p. 45.

몬티셀로의 현인(賢人) 4장

▎몬티셀로의 현인(賢人)▐

1. 몬티셀로로 돌아간 제퍼슨

5개주의 주 의회가 제퍼슨에게 3선을 위해 대통령으로 입후보하라고 권유했지만, 제퍼슨은 이를 거절하고 기쁜 마음으로 워싱턴을 떠나 고향집인 몬티셀로로 돌아갔다. 그리고 거기에서 오랫동안 하지 못했던 연구에 몰두했다. 그는 미국혁명의 역사를 쓰기도 하고, 버니지아 주의 법률을 출판하기도 하고, 특허 법률을 검토하기도 했다. 가끔은 손자들과 놀아주기도 했으며, 방앗간이나 못 공장 같은 벤처기업을 운영하기도 했다.[1]

은퇴한 뒤에도 제퍼슨은 계속해서 미국정치에 엄청난 영향력을 발휘하고 있었다. 제퍼슨을 승계한 대통령 매디슨, 그리고 매디슨을 승계한 대통령 먼로는 둘 다 버지니아 출신이어서 이들은 제퍼슨과 함께 버지니아 왕조(Virginia dynasty)라고 불린다. 매디슨과 먼로는 모두 "제퍼슨 체제

---

1) Joyce Appleby, *Thomas Jefferson*, New York: Times Books, 2003 (이하 Appleby로 약함), p. 151.

제퍼슨의 저택 몬티셀로

(Jeffersonian system)"의 제자들이었으므로, 제퍼슨이 구축한 이 체제는 이후로도 16년간이나 더 지속되었다.[2]

하지만 "제퍼슨 체제"가 지속되었다고 해서 그 체제의 제자들이 언제나 제퍼슨의 말에 따랐던 것은 아니다. 대표적인 사례가 제2의 미국은행이다. 일찍이 해밀턴이 제퍼슨파의 반대를 무릅쓰고 설립했던 미국은행의 특허기간은 1811년까지였다. 미국은행을 연방파 경제력의 기반이라고 생각하는 매디슨 대통령과 공화파는 특허기간이 끝나는 대로 미국은행을 폐쇄해버렸다. 이 때문에 1812년의 미영전쟁 중에 미국정부는 전비를 조달하는 데

[2] *Encyclopedia of the American Revolution*, Stackpole Books: Mechanicsburg, PA, 1994, ed. by Mark M. Boatner. (이하 *EAR*로 약함), p. 557.

많은 어려움을 겪었다. 경제가 주 은행에 의해 운영되고 있었기 때문이다. 이제야 국립은행의 필요성을 느낀 공화파는 전쟁이 끝난 뒤에 다시 미국은행을 설립하려고 했다. 전쟁으로 늘어난 국가채무를 상환하고 공업을 육성하기 위해 국가자본의 효율적 이용이 요구되었기 때문이다. 1816년에 매디슨 행정부는 제2의 미국은행 설립 허가를 내주려고 했다.

제퍼슨은 물론 제2의 미국은행 설립에 강하게 반대했다. 이 당시 그가 쓴 편지를 보면 그는 국립은행 설립이 상비군 설립보다 훨씬 위험하다는 생각을 가지고 있었다.[3] 하지만 대통령 매디슨과 의회는 1812년의 미영전쟁 당시 경제 불황에 빠진 이유가 국립은행이 설립되지 않았기 때문이라고 하면서, 제퍼슨의 충고를 무시하고 헨리 클레이(Henry Clay)의 주도로 제2의 미국은행을 세웠다. 이 은행의 특허기간은 먼저와 같이 20년이었지만, 자본금은 3,500만 달러로 오히려 늘어났다. 그리하여 제2의 국립은행 법안을 좌절시키려던 제퍼슨의 노력은 실패로 끝나고 말았다.

앞에서 살펴보았듯이, 제퍼슨과 대법원장 존 마셜은 미국헌법에 대해 서로 반대되는 견해를 지니고 있었기 때문

3) 제퍼슨이 John Tayor에게 쓴 편지, 1816.5.28, Padover, *A Jefferson Profile*, p. 281.

에 서로를 강력히 혐오했었다. 이 두 사람은 사적으로는 사촌 간이었음에도 불구하고 제퍼슨이 대통령에 처음 취임하던 때부터 이미 사이가 나빴다. 그런데 이 나쁜 사이는 제퍼슨이 죽을 때까지 평생 계속되었던 것 같다.

1819년, 버지니아 주 대법원장 스펜서 론(Spencer Roane)이 맥컬록 대 메릴랜드(McCulloch v. Maryland) 판결에서 연방대법원장 마셜이 보여준 논리 정연하지 못한 견해를 비판하는 예리한 신문 칼럼을 썼을 때 제퍼슨은 크게 환호했다. 제퍼슨은 당시에 연방대법원이 하는 일이 갈수록 못마땅해서, 연방대법원이 주(州)들을 갈아서 하나의 거대한 통합된 덩어리로 만들려고 몰래 작업하는 일단의 공병(工兵)과 광부들로 이루어져 있다고 한탄했을 정도였다. 물론 그의 이러한 태도는 자신이 반세기 전에 쓴 팸플릿, 「영국령 아메리카의 권리에 관한 소고」에서 처음으로 발전시켰던 삼권분립의 비전과는 전적으로 상충되는 것이었다.4)

4) *Encyclopedia of the U. S. Constitution*, Facts On File, Inc: New York, 2009, ed. by David Schultz, (이하 *ECU*, 약칭), p. 305.

버지니아 대학교 설립

제퍼슨을 비롯한 공화파가 꿈꾸는 미국의 미래는 덕성(德性)을 갖춘 계몽된 시민이라는 개념이 핵심이었다. 따라서 공화파는 모든 남성 시민이 무료로 교육받을 수 있도록 전국적으로 공립학교 체제를 갖추어야 한다고 생각했다. 그러나 이러한 희망은 이루어지지 않았다. 교육은 주로 사립기관에 맡겨졌고, 주로 이들 기관에 수업료를 지불할 수 있는 사람들에게 교육 기회가 주어졌다. 남부와 중부주에서는 종교단체가 운영하는 학교가 대다수를 차지했다.[5]

5) Alan Brinkley, *The Unfinished Nation*, McGraw-Hill Companies, Inc., 2004, 황혜성 외 옮김, 『있는 그대로의 미국사 1: 다양한 시작-식민지 시기부터 남북전쟁까지』, 휴머니스트, 2005. (이하 Brinkley로 약함), p. 309.

버지니아의 종교 개혁으로 버지니아에서는 감리교, 침례교와 같은 새로운 종파가 번성했다. 그리고 복음주의의 부흥으로 버지니아를 비롯한 남부는 미국에서 가장 경건한 지역이 되었다. 그러자 제퍼슨에게는 그 어느 때보다도 교육이 중요한 것이 되었다. 그는 교회의 영향을 받지 않는 교육이 이루어지기를 바랐기 때문이다. 미국혁명기에 제퍼슨은 공공교육 계획을 마련했었다. 그런데 그것을 버지니아 의회가 부결시켰다.

제퍼슨은 은퇴 후 교육문제에 다시금 착수했다. 그는 버지니아 의회에 공공교육 계획안을 다시금 제출했으나 이번에도 역시 부결되었다. 여러 번의 좌절 끝에 마침내 1819년에 그는 버지니아 대학교 설립허가를 얻어내는 데 성공했다. 이후 제퍼슨은 그 대학의 건축물을 짓고 커리큘럼을 짜는 데 중심적인 역할을 했다. 몇 년 사이에 그는 쉐롯빌

(Charlottesville)에 자리 잡게 될 새 주립대학을 위한 계획을 완벽하게 마련했다. 그리고 그의 집인 몬티셀로에서도 보이는 지붕이 둥근 원형 건물을 설계했다. 또한 그는 대학생들에게 무엇을 가르칠 것인지, 그리고 첫 번째 교수진으로 누구를 임용할 것인지를 고민했다.6)

6) *EAR*, p. 558 ; Appleby, p. 155.

1818년에 버지니아 대학의 위원들에게 제출한 보고서에서 제퍼슨은 자치는 교육받은 시민을 필요로 한다는 그의 신념을 다시 한 번 주장했다. 그는 진정한 민주주의의 발전을 위해서는 주권자인 국민의 계몽이 선행되어야 한다고 믿었다. 그는 교육을 통해 국민이 판단력을 길러 자유로이 각자의 견해를 표현하게 되면 국가의 안녕과 발전이 이루어진다고 생각하였다. 교육받은 사람들이 제대로 된 사회를 만드는 데 크게 일조할 것이라고 믿었던 그는 경제적 사정이 좋지 않은 사람들에게도 공부할 수 있는 길을 열어 주기 위해 대학이 특정 계층이 아닌 모두에게 공평한 기회를 줘야 한다고 생각했다. 이것이 그가 국민교육 보급의 필요성을 역설하면서 버지니아 대학을 세운 이유였다.

제퍼슨은 버지니아 대학교의 교정을 만들며 신생공화국의 농업 중심의 민주주의를 강하게 나타내는 디자인을 채택했고, 도서관은 로마의 판테온을 모델로 삼아 건축했다. 버지니아 대학교는 종교와 교육은 분리되어야 한다는 원칙을 구현한 질서정연한 건축학적 결정체였다. 버지니아 대학교 건축은 미국 건축가 협회의 회원 투표에서 미국건축학 역사상 가장 중요한 작업으로 선정되었을 정도다.

제퍼슨이 설계한 버지니아 대학교 건물

1825년이 되어서야 버지니아 대학교에 학생들이 입학했다. 이 대학교에서는 제퍼슨이 주창한 농업 중심의 생활방식을 강조하고, 과학적 농업 기술을 가르쳤다. 버지니아 대학교는 학생들에게 원하는 선택과목의 강의를 들을 수 있도록 허락한 최초의 대학이기도 했다.

제퍼슨은 자신이 그 어느 것보다도 버지니아 대학교의 아버지로 기억되기를 희망했다. 그가 버지니아 대학교를 설립했다는 것은 독립 선언서를 기초했다는 것, 그리고 버지니아 종교자유법을 기초했다는 것과 더불어 장차 그의 묘지명에 새겨지게 될 것이었다.[7]

7) Appleby,
p. 154.

2. 제퍼슨 말년의 여러 가지 문제

미주리 타협

제퍼슨의 말년에 노예제에 대한 반대가 커져갔다. 북부의 개혁가들이 남부를 비난하고 나선 것이다. 일례로 뉴잉글랜드인들은 제퍼슨의 계층을 '노예소유자 계급(slavocracy)이'라고 불렀는데, 이는 노예(slave)와 귀족계급(aristocracy)의 합성어였다. 제퍼슨은 이러한 상황을 감지하고 버지니아의 지도자들에게 지역의 대학과 학원을 후원하도록 촉구했다. 이제 제퍼슨은 컬럼비아, 하버드, 프린스턴, 그리고 펜실베이니아 대학교는 더 이상 남부의 대학생들에게 도움이 되지 못한다고 결론을 내렸다. 제퍼슨은 남부의 젊은이들의 교육을 남부의 입장과 원칙에 반하는 사람들에게 맡

8) Appleby, pp. 148-149.

겨서는 안 된다는 취지의 발언을 하기도 했다.[8] 이것이 그가 여러 차례에 걸쳐 버지니아 의회에 공공교육 계획안을 제출한 끝에 마침내 버지니아 대학교를 설립하게 된 이유 가운데 하나이기도 하다.

1819년에 마침내 노예제 문제가 국가적인 논쟁을 촉발시켰다. 루이지애나 매입, 즉 제퍼슨의 "자유의 제국"으로부터 형성된 최초의 주, 미주리는 연방에 노예주로 가입하려고 했다. 당시 노예제도를 인정하지 않는 자유주와 노예주의 수는 각각 11개로 균형을 이루고 있었기 때문에 만일 미주리가 노예주로 연방에 가입하게 되면 자유주와 노예주 사이의 균형이 깨지게 될 것이었다. 그래서 북부의 자유주는 미주리의 노예주 성립에 반대했다.

미주리의 연방가입문제를 둘러싸고 의회 내에서는 남부와 북부의 팽팽한 대결이 벌어지고 있었다. 1819년, 뉴욕주의 하원의원인 제임스 탈매지 2세(James Tallmadge, Jr.)는 미주리를 연방에 가입시키는 법안에 대한 수정안을 제출했다. 이 수정안의 내용은 미주리에 더 이상의 노예가 유입되는 것을 금지하고, 이미 그곳에 있는 노예들의 점진적인 해방을 요구하는 것이었다. 북부가 이처럼 미주리를 연방에 가입시키는 대신 미주리에서의 점진적인 노예해방을 요구하고 나서자, 이에 불만을 품은 남부는 연방에서 탈퇴하겠노라고 위협했다.

사태의 진전을 지켜보던 제퍼슨은 남부의 위협에 깜짝 놀랐다. 남부의 탈퇴는 곧 연방의 붕괴를 뜻하는 것이었다. 독립된 국가를 세우려는 혁명세대의 노력이 자손들의 어리석고 쓸데없는 정열로 수포로 돌아갈지도 몰랐기 때문이다. 그는 미주리 문제에 관해 쓴 한 편지에서, 이 중대한 문제가 "한밤중의 화재경보"처럼 자신을 공포로 차게 만들었다면서, 미주리 문제를 "연방의 조종(弔鐘)소리"라고 표현했을 정도였다.9)

9) 제퍼슨이 John Holmes 에게 쓴 편지, 1820.4.22., Padover, *A Jefferson Profile*, pp. 312-314.

결국 1820년에 남부와 북부 사이에 타협이 이루어져 뉴잉글랜드 북쪽에 있는 메인지방을 자유주로 연방에 가입시키는 한편, 미주리는 노예주로 연방에 가입하도록 했다. 이때 프랑스에서 사들인 루이지애나 지역에서 장차 주가 성립할 경우, 북위 36.5도 이북에서는 자유주가, 이남에서는 노예주가 각각 성립한다는 내용의 최종타협이 이루어졌다. 이것이 바로 '미주리타협(Missouri Compromise)'이다.

하지만 제퍼슨은 이것이 미봉책에 불과하다고 생각했다. 남부가 탈퇴를 주장함으로써 연방이 위기에 처할 가능성은 항상 존재했기 때문이다. 제퍼슨은 연방이 이처럼 위기에 봉착하게 된 것은 그 원인이 북동부 연방파에게 있다고 보았다. 연방파가 미주리로부터 노예제를 배제함으로써 연방을 분열시키려고 했다는 것이 그의 생각이었다. 그래서 그는 미주리 위기 동안 미주리에서 노예제를 배제하려는 북부인들의 노력을 좌절시키려고 애썼다.

이때 제퍼슨의 헌정적 입장은, 새로운 주는 오래된 주와 대등하게 연방에 가입해야만 하며, 미주리가 그 주 내부의 제도인 노예제에 관해 매사추세츠나 버지니아처럼 자체적으로 결정할 수 없다면 미주리는 다른 주들과 동등하지 못하다는 것이었다. 제퍼슨은 미주리인들에게, 만일 미주리가 노예제를 허용하는 주 헌법을 제정했다고 해서 연방의회가 미주리를 연방에 가입시키지 않는다면 미주리는 독립을 선언하라고 조언을 하기도 했다.[10]

10) EC, p. 395.

미국혁명이 끝난 뒤부터 계속된 제퍼슨의 노예제문제에 대한 침묵은 이 미주리타협에 이르러 깨졌다. 제퍼슨은 왜 오랜 침묵을 깨고 남부를 지지하고 나섰을까? 남부를 지지함으로써 남부의 연방 탈퇴를 방지하는 것, 즉 연방의 분열을 막는 것이 제퍼슨의 궁극적인 목적이었다고 해석할 수도 있을 것이다.[11] 하지만, 미주리로 하여금 독립을 선언하라고 부추기기까지 한 그의 행동은 그가 1790년대에 선동방지법에 대항해서 주장했던 주권론을 이때 다시금 들고나왔음을 뜻한다. 이는 연방의 분열을 막는 것이 아니라

11) 바로 이 해석이 필자가 1983년에 발표한 논문, 「Thomas Jefferson과 노예제」, 『서양사연구』 제5집 (1983년 6월)에서 내린 해석이다. 그런데 지금 이 책을 쓰기 위해 제퍼슨을 다시금 연구해보니 이 해석이 그다지 옳은 해석이 아님을 깨닫게 되었다.

오히려 조장하는 행위였다.

미주리위기에 대응하는 과정에서 제퍼슨이 주권론을 다시금 꺼내들었다는 것 말고도 또 하나 주목할 것은 그가 노예제에 반대한다는 이제까지의 입장을 완전히 바꾸었다는 것이다.[12] 제퍼슨은 탈매지의 수정안에 대해서 반대했는데, 이때 그가 주장한 것은 노예가 서부로 분산되면 노예제의 가혹함을 개선시키는 결과를 가져온다는 것이었다. 제퍼슨이 노예제가 미주리로 확대되는 것을 옹호하기 위해서 내세운 주장을 요약하면 다음과 같다.

[12] 애플비는 이를 "미주리타협이 제퍼슨으로 하여금 노예제에 대한 반대라는 고지로부터 내려오도록 만들었다"고 표현했다. Appleby, p. 156.

> 노예가 한 주에서 다른 주로 옮겨간다고 해서 새로운 노예가 생기는 것은 아니다. 만일 노예가 더 넓은 지역으로 확대되게 되면 노예소유주 1인당 노예의 수는 줄어들 것이다. 그렇게 되면 노예의 개인적 행복은 증대될 것이며, 노예의 해방 및 식민도 실현될 수 있을 것이다.[13]

노예제가 미주리로 확대되어야 한다는 제퍼슨의 주장은 그가 '1784년의 공유지법'을 작성할 때 제시했던, 노예제의 지역적 제한이라는 원칙을 완전히 번복한 것이었다.

[13] 제퍼슨이 Holmes에게 쓴 편지, 1820.4.22., Padover, *A Jefferson Profile*, p. 313. 이와 같은 제퍼슨의 주장은 1798년부터 있었던 확산의 원리(principle of diffusion)에다가 노예의 해방 및 식민에 관한 자신의 주장을 덧붙인 것이었다. Robert McColley, *Slavery and Jeffersonian Virginia*, Urbana, 1964, pp. 173-174.

제퍼슨은 말년에 쓴 한 편지에서 노예제 문제에 관해 다음과 같이 썼다.

우리는 진퇴양난에 빠져있다. 따라서 우리는 이렇게도 할 수 없고 저렇게도 할 수 없다. 정의(正義)를 따르자니 자기보존이 불가능하다.[14]

14) 제퍼슨이 Jared Sparks 에게 쓴 편지, 1824.2.4. in S.K. Padover ed., *Thomas Jefferson on Democracy*, New York, 1939, p. 103.

15) Edmund S. Morgan, "Slavery and Freedom: The American Paradox", *Journal of American History* 59, June 1972, pp. 5-6.

역사학자 에드먼드 모건(Edmund S. Morgan)은 식민지 시대부터 19세기 중엽에 이르기까지 미국사회에서 자유와 평등의 성장이 노예제의 성장과 더불어 동시에 진행될 수 있었던 것은 미국사의 가장 큰 역설(逆說)이라고 주장한다. 노예해방이라는 "정의"와 노예제에 기반을 둔 사회질서의 보존 사이에서 번민하는 제퍼슨의 모습은 자유와 노예제의 공존이라는 미국적 역설로 인해 고민하는 혁명 세대의 진통을 잘 드러내준다.[15]

노예제 문제와 제퍼슨

이제 제퍼슨을 통해서 혁명 세대의 그 진통이 어떠한 것이었는지 자세히 들여다보자. 제퍼슨은 건국의 아버지 가운데 자유와 민주주의의 가장 강력한 옹호자인 동시에 남부 버지니아의 대농장주로서, 당시 미국의 딜레마를 가장 잘 대변하고 있기 때문이다.

제퍼슨이 간접적으로나마 공식적으로 노예제를 비난하고 나선 것은 1774년에 출간한 팸플릿 「영국령 아메리카의 권리에 관한 소고」에서였다. 모국인 영국과의 사이가 악화되면서 식민지인의 권리를 주장하고 나선 이 팸플릿에서 제퍼슨은 노예제에 반대하는 입장을 취했다. 그는 노예의 수입을 제한하거나 금지하려는 아메리카 식민지인들의 시도를 거부한 데 대해 영국 왕을 공격하였고, 나아가 노예제를 "파렴치한 관행"이라고 비난하는 동시에 "노예제의 폐지"가 식민지인들이 "몹시 바라는 바"라고 주장했다.16) 이것은 분명 과장이었다. 식민지인들이 바랐던 것은 노예무역의 종결이었지 노예제 자체의 종결은 아니었다. 그러나 적어도 이것이 노예제 폐지에 대한 제퍼슨 자신의 바람을 표현한 것임은 분명하다.17) 이처럼 영국정부에 대항하여 식민지인의 권리를 주장하는 가운데서도 제퍼슨은 간접적으로 노예제의 폐지를 주장했는데, 이는 식민지에서 최초의 노예제 폐지 협회가 조직된 1775년보다 앞선 것이었다.

16) "A Summary View of the Rights of British America", *The Papers of Thomas Jefferson*, Princeton, 1950~, ed. by J. P. Boyd, Vol. I, pp. 129-130.

17) D. B. Davis, *Was Thomas Jefferson An Authentic Enemy of Slavery?*, Oxford University Press, 1970, p. 8.

제퍼슨은 1776년에 「독립선언서」를 기초할 때에도 노예제 및 노예무역과 관련하여 영국 왕을 비난하였다. 이는 그가 1774년에 「영국령 아메리카의 권리에 관한 소고」에서 취했던 입장, 즉 영국 왕이 노예제 및 노예무역의 영구화에 책임이 있다는 입장을 재확인하는 것이었다. 그는 여기에서 노예제를 도덕적 및 정치적 타락이라고 부르는 등, 영국

왕을 비난하는 가운데 비록 간접적이긴 하나 노예제를 공격했다. 하지만 이 구절은 대륙회의에서의 토론 및 수정과정에서 삭제되고 말았다.

1783년에는 제퍼슨은 버지니아 헌법을 개정해서 점진적으로 노예를 해방시키려고 했다. 1783년 여름, 버지니아 의회는 1776년에 제정된 헌법을 개정하기 위한 제헌회의를 소집할 것으로 예상되었다. 평소에 1776년의 헌법을 못마땅하게 여기고 있던 제퍼슨은 이 기회에 자신의 개혁의지를 버지니아의 새 헌법에 반영하기 위해서 헌법 초안을 작성했다. 이 초안 속에 그는 1800년 이후에 출생한 모든 노예는 해방된다는, 일종의 점진적 노예해방 조항을 포함시켰다.18) 그러나 예정되었던 버지니아 제헌회의가 소집되지 않음으로써 제퍼슨의 노예해방안은 빛을 보지 못하고 말았다.

그런데 여기서 제퍼슨이 노예해방안을 제기했다는 사실 못지않게 주목할 것은 그가 해방된 노예가 그 주에 남아있을 수 없다고 주장했다는 사실이다. 이것은 제퍼슨 자신이 만들어낸 딜레마였다. 계몽사상 시대의 인간으로서 제퍼슨은 노예제가 자신이 의거해서 살아가는 이상(理想)과 모순된다고 보고 노예제를 증오했다. 그러나 한편으로 그는 버지니아의 농장주로서 자신의 환경으로부터 흡수한 흑인에

---

18) William Peden ed., *Notes on the State of Virginia*, New York, 1972 (이하 *Notes*로 약함), pp. 209-222.

대한 편견을 지니고 있었다. 제퍼슨은 노예제가 자연법의 위반이자 도덕적 악이라고 규정하고 노예제의 폐지를 주장하고 나섰다. 그러면서도 동시에 그는 흑인이 육체적, 정신적으로 백인보다 열등하다고 믿었던 것이다. 노예제를 증오하기는 하나 흑인이 백인보다 열등하다고 생각하는 것, 이것이 바로 그의 핵심적인 딜레마였다. 이러한 제퍼슨 사상의 딜레마는 해방된 노예의 식민(植民)에 대한 주장으로 귀결되었다. 해방된 노예는 백인과의 인종혼합이 이루어지지 않도록 하기 위해 미국 밖으로 식민되어야 한다는 것이다.[19]

제퍼슨의 견해에 따르면 노예해방 이후에 인종의 분리를 필요하게 만드는 것은 노예제 그 자체였다. 예전의 노예와 예전의 주인이 서로에 대해서 가지고 있는 감정의 끔찍한 결과를 피하기 위해서는 해방된 노예가 미국을 떠나야만 한다는 것이다. 그가 말하는 끔찍한 결과란 노예가 일으키는 반란에 의해 모두 죽임을 당하는 것이었다. 제퍼슨은 노예소유주와 노예 사이의 심리적 역학관계에 대한 설명을 통해서 자신이 백인과 자유흑인이 공존하는 사회를 거부한다는 것을 정당화하려고 했다.[20]

제퍼슨의 노예해방 및 식민에 대한 구체적인 주장은 그의 저서인 『버지니아 논고』에 기록되어 있다. 이에 따르면 특정일 이후에 출생한 모든 노예는 해방된다. 해방된 노예는 공공비용으로 성인이 될 때까지 각자의 적성에 따라 경작을 비롯한 기술을 익힌다. 그리고 나서 당시의 상황으로 보아 적절하다고 생각되는 장소로 식민된다는 것이다.[21]

이처럼 노예의 해방이 식민과 수반되어야만 한다는 제퍼슨의 주장은 그렇지 않아도 어려운 노예의 해방을 더욱 어렵게 만드는 것이었다. 남부의 플랜테이션은 절대적으로 노예노동에 의존하고 있었다. 따라서 노예소유주들이 노예를 해방시키는 데 동의할 것인지는 매우 의심스러웠다. 노예소유주들이 해방에 동의한다 해도 문제는 남아있었다. 그것은 재정적인 문제, 즉 노예소유주에 대한 보상 문제였다. 1년 국가예산이 1천만 달러 내지 2천만 달러인 때에 노예의 자산(資産) 가치는 수억 달러에 달했다.[22] 따라서 노예의 해방은 커다란 재정적인 부담이 뒤따르는 어려운 문제였다.

그런데 여기다 제퍼슨은 식민까지 주장하고 나섰다. 그의 주장대로 노예를 해방시켜 식민시키는 데는 노예소유주에 대한 보상금 외에도 해방된 노예를 교육시키고 이주시키는 데 드는 비용까지 요구되므로 엄청난 경비가 소요될 것이었다. 따라서 해방된 노예를 이주 및 정착시키는 데 따르는 행정적인 절차나 번거로움을 고려하지

---

[21] *Notes*, pp. 137-138.

[22] Donald Robinson, *Slavery in the Structure of American Politics, 1765-1820*, New York, 1971, p. 50.

않고 경비 면에서만 보더라도 노예의 해방 및 해방된 노예의 식민은 단순한 노예해방보다 훨씬 더 실현되기가 어려웠다. 단순하게 계산해도 미국 인구의 1/5을 미국이 아닌 다른 곳으로 옮긴다는 것은 실현 불가능하다는 결과가 나온다. 그래도 미국 식민협회(American Colonization Society)에는 수십 년간 회원이 모여들었는데, 거기에는 나중에 대통령이 될 에이브러햄 링컨(Abraham Lincoln)도 포함되어 있었다.[23]

여기서 한발 더 나아가 제퍼슨은 '1784년의 공유지법'을 기초할 때는, 1800년 이후 서부영지에서는 노예제가 전면 금지된다는 조항을 포함시키기도 했다. 즉 노예제의 지역적 제한을 주장하고 나선 것이다. 이것은 노예제가 서부로 확대되는 것을 막음과 동시에 노예제가 허용되는 지역을 줄임으로써 노예무역을 감소시키려는 것이었다. 노예제가 이미 뿌리내린 곳에서는 노예제의

---

23) Appleby, p. 137. 흔히 링컨이 노예제 폐지에 찬성하는 인물, 즉 노예제 폐지론자(abolitionists)인 것처럼 묘사되고 있으나 사실은 그렇지 않다. 링컨은 넓은 의미에서 노예제 반대론자(anti-slavery man)였고, 보다 구체적으로는 노예제 확장반대론자(free-soilers)였다. 하지만 노예제 폐지론자는 결코 아니었다. 이는 국내외 미국사 개설서에서도 쉽게 찾아볼 수 있는 사실이다. 이보형, 『미국사 개설』, 일조각, 2005, 152~155쪽 ; 이보형, 「링컨, 연방, 노예제도」, 『미국사연구』, 30, 2009, 181~182쪽. 링컨이 노예제 폐지론자가 아니었다는 것은 그가 1858년 중간선거에서 일리노이 주 연방 상원의원 의석을 둘러싸고 민주당의 스티븐 더글러스(Stephen A. Douglas)와 벌인, 이른바 링컨-더글러스 논쟁에서 단적으로 드러난다. 링컨은 이 논쟁에서 자신이 노예제도 확장에는 반대하지만 노예제 폐지론자는 아니라는 것, 노예제도가 도덕적으로 악이라는 것은 인정하지만 흑백 양 인종이 사회적·정치적으로 평등하다고는 생각하지 않는다는 입장을 밝혔다. 흑백 양 인종이 어우러져 함께 살기 어렵다고 보았기 때문에 링컨은 흑인의 식민에 관심을 가졌던 것이다.
링컨은 급진적이고 전투적인 노예제도 폐지론자와는 달리 기존의 노예제도를 인정하되 아직 주가 성립되지 않은 서부의 영지(territory)에서는 노예제도를 허용하지 않는다는 노예제도 반대론자였던 것이다. 이처럼 링컨이 노예제도를 도덕적으로 잘못된 제도라고 믿으면서도 노예제 폐지론자가 아니었던 까닭은 노예제도가 이미 존재하는 지역에서 노예제도를 대체할 만한 손쉬운 대안을 생각할 수 없었기 때문이다. 그러므로 링컨과 공화당은 다만 노예제도의 "향후 확산을 저지"하려는 입장이었다. Alan Brinkley, *The Unfinished Nation*, New York: McGraw-Hill Companies, Inc., 2004, 황혜성 외 역, 『있는 그대로의 미국사 2: 하나의 미국』, 휴머니스트, 2005, p. 109.
링컨과 노예제 문제에 대한 보다 상세한 기술은 졸고(拙稿), 「세계사 교과서 속의 미국 제7차 교육과정 교과서를 중심으로」, 『역사교육』, 114, 2010년 6월, 145~148쪽을 참조.

존재를 인정하고, 그것이 새로운 지역으로 확대되는 것을 멈추려고 했다는 점에서 제퍼슨은 19세기 노예제 확장반대론자(freesoilers)의 원형(原型)이라고 할 수 있다.[24]

24) 졸고(拙稿), 「Thomas Jefferson과 노예제」, 153쪽, 주 78.

제퍼슨이 기초한 '1784년의 공유지법'이 연합회의에서 토론에 붙여졌을 때 남부대표들은 노예제 금지조항을 삭제하려고 했다. 뒤이어 행해진 투표에서 이 조항을 그대로 두자는 동의안이 상정되었다. 연합 시대의 헌법에 해당하는 연합헌장에 의하면, 이 동의안이 가결되려면 당시 13개 '나라' 가운데 7개 '나라'의 찬성이 필요했다. 당시 회의에 출석한 10개 '나라' 가운데 북부 6개 '나라'는 모두 찬성했으나 한 표가 부족해서 이 조항은 삭제되고 말았다. 만일 이 조항이 삭제되지 않았더라면 연합에 가입되어 있는 13개 '나라'의 면적을 전부 합친 것보다 더 넓은 면적을 지닌 서부영지 전체에서 노예제를 금지시키는 결과를 가져올 수 있었을 것이다.

노예제 금지조항은 '1784년의 공유지법'에서 삭제되고 말았지만 제퍼슨의 이러한 노력은 1787년의 '북서부 공유지법'으로 가는 길을 닦아 놓았다. 즉, 이 '북서부 공유지법'에는 오하이오, 미시간, 위스콘신, 일리노이 및 미네소타가 영지로 있는 동안 노예제를 금지시킴으로써 노예제가 서쪽으로 뻗어나가는 것을 금지하는 내용이 들어갔던 것이다.

1783년에 버지니아의 새 헌법을 기초할 때나 1784년의 공유지법안을 작성할 때 제퍼슨이 취한 행동은 노예제를 개혁하려는 그의 열정이 최고조에 달했음을 보여주는 것이었다. 그의 이런 행동이 가능했던 것은 새로이 개막된 공화주의의 시대에 대해 열광하는 혁명 말기의 분위기에 힘입어 대담해졌기 때문이다.[25]

실제로 1780년대에 북부에서는 노예제가 법적으로 폐지되어가고 있었다. 1780년에 펜실베이니아가 처음으로 노예 제도에 대해 위법을 선언했다. 이는 노예제도에 반대했던 퀘이커 교도의 영향 때문이기도 하다. 노예가 많지 않았던 북부에서는 뉴욕과 뉴저지를 제외한 모든 주가 혁명이 끝나기 전에 차례로 노예제도를 폐지했다.[26] 북부 주들은 입법을 통해서 노예제를 끝장냄으로써 제퍼슨이 「독립선언서」에 썼던 바로 그 평등권의 실현에 앞장서고 있었다.

[25] Davis, *Was Thomas Jefferson An Authentic Enemy of Slavery?*, pp. 8-9. 애플비도 D. B. Davis와 비슷하게 1784년의 공유지법을 작성할 때가 제퍼슨의 반노예제 활동의 절정기였다고 본다. Appleby, p. 78.

[26] 뉴욕은 이후 1799년에, 뉴저지는 1804년에 노예제도를 폐지했다. Brinkley, p. 248.

제퍼슨은 친구에게 보내는 편지에서 해방의 시간이 다가오고 있다고 한 것으로 보아서 북부에서의 노예해방에 대해서 알고 있었음이 분명하지만 결코 자신의 글 속에서 그 일에 대해 언급하지는 않았다.[27] 1784년 이후에 제퍼슨은 자신의 반노예제 견해를 공표하는 것을 꺼리기 시작했던 것으로 보인다. 그는 왜 이처럼 현격한 태도의 변화를 보였

[27] Appleby, p. 137.

던 것일까? 그것은 그가 노예해방이 가까운 시일 내에 이루어질 수 없으리라는 판단을 내렸기 때문이다.

북부에서 노예제가 폐지되고 있던 그 무렵, 남부에서는 반대로 노예제 옹호세력이 태동하고 있었다. 1780년대 중반에 이르러 남부에서는 미국혁명의 자유주의적 열정에 힘입어 싹텄던 노예해방의 기운이 사라지고 노예제가 점차 강력히 옹호되기 시작했다. 버지니아에서는 1784년과 1785년 두 차례에 걸쳐 1782년에 제정된 개인적인 노예해방 자유화(自由化)법의 폐기를 요구하는 청원서가 의회에 제출되었다. 이는 혁명말기에 이미 남부에서 노예제 옹호세력이 태동하고 있었음을 보여준다.[28] 노예제가 가까운 시일 내에 폐지될 수 없으리라고 판단한 제퍼슨은 이후 노예제에 대한 공격을 그만두었다.

28) F.T. Schmidt and B.R. Wilhelm, "Early Proslavery Petitions in Virginia", *William and Mary Quarterly* 3rd ser., 30, 1973.

1791년에는 산토도밍고에서 대규모 노예 반란이 일어났는데, 곧 10만 명 이상이 반란군에 가세했다. 산토도밍고의 흑인노예들과 자유흑인들은 프랑스인들을 내몰기 위해서 격렬하게 싸웠다. 반란군은 투생 루베르튀르(Toussaint L'ouverture) 지도하에 독립을 위해 투쟁하기 시작했으며, 산토도밍고에 정착한 백인들뿐만 아니라 반란을 진압하기 위해 파견된 프랑스 군대와도 싸워 이겼다. 그들은 자유를 되찾았고 자신들의 나라를 아이티(Haiti)라고 이름 지었다. 투생이 죽고 몇 달 후인 1804년 1월 1일에 아이티는 독립국이 되었다.

1797년 여름, 산토도밍고에서의 노예반란 소식이 미국에 전해지자 노예반란에 대한 공포는 미국 내의 모든 백인에게 보편적인 것이 되었다. 버지니아의 노예해방론자인 터커(St. George Tucker)는 자신의 반노예제 팸플릿과 더불어 노예해방 조치가 즉각 이루어지지 않으면 산토도밍고에서와 같은 대참살이 일어날 것을 우려하는 내용의 편지를 제퍼슨에게 보냈다. 제퍼슨은 터커의 의견에 동의하면서 다음과 같은 구절을 덧붙였다.

> 만일 무엇인가가 이루어지지 않는다면, 그것도 즉시 이루어지지 않는다면 우리는 우리 아이들의 살해자가 될 것이다.29)

제퍼슨은 이처럼 노예해방의 긴급성을 강조하고, 노예가 해방되지 않을 경우 미국 내에서 발생할지 모르는 노예반란에 대해서 경고했다. 그러나 그는 노예를 해방시키기 위한 적극적인 노력은 하지 않았다. 아이티 혁명 이후 보편화된 노예반란에 대한 두려움으로 인해 노예제 반대론자에 대한 편견이 증대됨으로써 노예제 폐지세력은 위축되지 않을 수 없었기 때문이다.30)

29) 제퍼슨이 St. George Tucker에게 보낸 편지, 1797.8.28., S.K. Padover ed., *Thomas Jefferson on Democracy*, New York, 1939, p. 102.

30) D.J. McLeod, *Slavery, Race and the American Revolution*, Cambridge University Press, 1974, p. 158.

그러나 거기에는 또 다른 이유가 있었다. 그것은 제퍼슨이 중앙정계에 진출한 이래 자신의 반노예제 태도가 자신의 정치활동에 불리하게 작용한다는 것을 절감했기 때문이다.[31] 그가 1796년의 선거에서 대통령으로 입후보했을 때, 반대파인 사우스캐롤라이나 연방파는 노예제 문제에 관한 제퍼슨의 모순과 모호성을 폭로했다. 선거 결과, 제퍼슨은 사우스캐롤라이나의 표를 잃고 근소한 표 차로 연방파에 패함으로써 대통령에 선출되지 못했다. 제퍼슨에 대한 연방파의 공격은 1800년의 선거전에서도 계속되었다. 사우스캐롤라이나의 한 연방파가 제퍼슨이 『버지니아 논고』에서 노예해방을 주장했다는 사실에 대해 여론을 환기시켰다. 그는 산토도밍고에서 일어나고 있는 노예반란의 유혈사태를 고려할 때 노예해방을 주장하는 제퍼슨 같은 인물을 대통령에 앉힌다는 것은 위험하다고 주장했다. 선거 결과, 제퍼슨은 연방파를 가까스로 누르고 대통령에 당선되었다. 두 차례의 선거에서 계속 노예제 문제에 대한 자신의 태도가 반대파에 의한 공격의 주요 소재로 쓰이자 제퍼슨은 노예제문제를 건드리지 않고 내버려두는 것이 정치적으로 현명한 태도라는 것을 깨달았다.

제퍼슨은 대통령으로 재직하는 동안 노예제 문제에 관해 공식적으로는 아무것도 하지 않는다는 입장을 고수했다.

[31] 이하 제퍼슨의 정치활동과 노예제 문제의 관계에 관한 보다 구체적인 내용은 졸고(拙稿), 「Thomas Jefferson과 노예제」, 159-161쪽을 참조.

제퍼슨은 아이티에 대한 외교적인 승인을 보류했다. 아이티의 투생 루베르튀르는 제퍼슨이 보낸 사절이 외교적인 지위를 가지고 있지 않다는 것을 발견하고는 모욕감을 느꼈다. 아이티에 대한 제퍼슨의 정책은 한마디로 이랬다저랬다 하는 것이었다. 아이티의 반란자들이 나폴레옹이 신세계에서 다시금 프랑스 제국을 확립하는 것을 막을 수 있을 것처럼 보이자 제퍼슨은 미국이 아이티와 교역하는 것을 허용했다. 그러면서도 동시에 제퍼슨은 나폴레옹의 각료들에게 만일 루이지애나를 스페인에게 맡겨두면 자신은 프랑스가 아이티를 다시 소유하는 것을 막지 않을 것이라고 암시하기도 했다. 제퍼슨은 아이티 혁명이 최초의 성공적인 노예반란이라는 것도, 그리고 아이티가 서반구에서 두 번째 공화국이라는 것도 끝끝내 시인하지 않았다.[32]

아이티의 반란에 뒤이어 1800년에 버지니아에서 가브리엘 프로서(Gabriel Prosser)의 노예반란이 사전에 발각되었다. 버지니아 주에서 열린 흑인 신앙부흥 집회에서 흑인인 가브리엘 프로서의 주도로 노예반란 및 리치먼드 습격 계획을 세밀하게 모의한 일이 있었다. 이 계획은 사전에 발각되어 백인들에 의해 가까스로 차단되었다.[33]

하지만 프로서 사건 이후, 남부가 노예제에 대해 보여주었던 애매모호한 태도는 끝이 나고 말았다. 미국의 남부인들에게 있어 아이티는 노예제의 폭력적인 잠재가능성의 표식이었다. 또한 아이티는 미국의 노예들이 미국혁명 동안에 보여주었던 저항을 미국인들에게 일깨워 주는 것이기도 했다. 아이티에서 미국으로 도망쳐온 프랑스인 노예소유주들은 유혈로 얼룩진 공포에 찬 이야기를 남부인들에게 들려주기도 했다. 아이티에서의 성공적인 노예반란, 그리고 리치먼드에서 가까스로 발각된 노예반란은 남부의 노예소유주들에게는 엄청난 충격이었다. 놀란 버지니아 관리들은 프로서의 계획이 발각된 뒤에 25명의 노예를 처형했다.34)

34) Appleby, p. 79.

대통령 제퍼슨은 처형보다는 추방을 선호했기 때문에 사태를 진정시키기 위해서 당시 버지니아 지사인 제임스 먼로에게 편지를 써서 더 이상의 처형을 하지 말 것을 요청했다. 또한 제퍼슨은 당시 영국 주재 미국대사였던 러퍼스 킹(Rufus King)에게 영국 식민지인 시에라리온으로 반란의 혐의가 있는 노예를 보내는 데 대해서 영국 정부의 허락을 얻으라고 촉구했다. 여기서 제퍼슨이 말하는 반란의 혐의가 있는 노예란 미수에 그쳤던 프로서의 반란 사건에 참여한 사람들을 가리키는 것이었다.35)

35) Appleby, pp. 79, 138.

1802년에는 제퍼슨의 여자 노예인 28세 연하의 샐리 헤밍스(Sally Hemings)와의 사이에서 태어난 사생아 의혹이 제기되었다. 제임스 캘린더(James Callendar)에 의해 이때 처음으로 제기된 이 의혹은 그 이후 200년 가까이 지속되면서 제퍼슨의 명성을 갉아먹었다.

제임스 캘린더는 스코틀랜드 출신의 팸플릿 출판업자로, 애덤스가 대통령일 때 그를 중상 비방한 자였다. 캘린더가 애덤스를 공격하는 바람에 1798년에 선동방지법이 제정되었다는 이야기가 있다. 이 선동방지법 아래에서 캘린더는 감옥에 갇혔고, 애덤스 대통령 말기를 감옥에서 지내야 했다. 제퍼슨은 선동방지법에 의해 이루어진 기소 가운데 일부가 정당하다는 것을 인정했다. 하지만 제퍼슨은 연방파가 자신들의 명예를 보호한다는 구실 아래, 선동방지법을 통해서 자유로운 의사소통을 금지시켰다고 해석했다.36)

제퍼슨은 대통령이 된 후에 캘린더를 감옥에서 석방시키고 심지어 캘린더의 벌금을 면제해 주기까지 했다. 그런데 캘린더는 제퍼슨에게 자신을 리치먼드의 우체국장으로 임명해달라고 요구했다. 대통령은 이를 거절했다. 그러자 캘린더는 자신의 신문인 『Richmond Recorder』에서 공화파를 공격하기 시작했다. 1802년 9월에 그는 대담하게도 제퍼슨이 흑인미녀를 첩으로 두고 있다고 주장하고 나섰다. 캘린더는 그 여자가 제퍼슨의 딸 메리 제퍼슨이 1787년에 프랑스에 갈 때 데리고 갔던 노예인 샐리 해밍스라고 지목했다. 연방파는 이러한 소문을 한껏 즐기면서, 자신들의 신문을

제퍼슨의 흑인미녀에 관한 기사로 채웠다.[37]

그럼에도 불구하고 제퍼슨은 헤밍스 문제에 대해서 일절 대응하지 않았다. 그리고 노예제 문제에 대해서도 더 이상 아무런 얘기도 하지 않았다. 1808년에 의회로 하여금 아프리카의 노예무역을 금지시키는 법률을 제정하도록 한 것이 노예제에 대해서 제퍼슨이 행한 최후의 공식적인 행위였다.

대통령직을 끝내고 제퍼슨은 고향인 버지니아로 돌아왔다. 1814년에 버지니아의 청년인 에드워드 콜즈(Edward Coles)는 제퍼슨에게 노예제폐지에 앞장서 줄 것을 요청하는 편지를 보냈다. 콜즈는 부유한 농장주 가문 출신으로 아버지로부터 수십 명의 노예를 물려받았으나 노예를 모두 해방시키기로 결심하고 있었다. 콜즈는 자유주로 가서 그곳에서 자신의 노예들을 해방시킨 뒤, 한 가구당 160에이커의 토지를 나누어 줌으로써 그들을 독립시킬 계획을 세웠다. 하지만 그의 가족들이 그가 미쳤다고 생각하여 만류하자 제퍼슨에게 공식적인 도움을 요청했던 것이다.[38]

제퍼슨은 콜즈에게 보내는 답장에서, 노예해방에 앞장서 달라는 콜즈의 요구가 자신과 같은 노인에게는 무리라며, 자신이 할 수 있는 유일한 것은 노예해방을 위해 기도하는 것뿐이라고 말했다. 학자들은 이러한

[37] Appleby, p. 74.

[38] 콜즈에 관해서는 A. Koch, *Madison's "Advice to My Country"*, Princeton University Press, 1966, pp. 144-151 참조.

답변이 콜즈의 요청을 회피하기 위한 변명에 불과하다고 주장한다.39) 그러나 제퍼슨이 당시 71세의 노인으로서 일절 공식 활동을 하지 않고 있었음을 고려하면, 제퍼슨의 답변이 전적으로 성실성이 결여된 것이었다고 보기는 어렵다. 어쨌든 제퍼슨은 콜즈가 자유주로 가는 것을 만류하였다. 제퍼슨은 콜즈에게 이주계획을 포기하고 버지니아에 남아서 노예해방이라는 "교리"의 "전도사"가 되어달라고 당부했다.40)

39) Fawn M. Brodie, *Thomas Jefferson: An Intimate History*, New York, 1974, pp. 584-585.; D.B. Davis, *Was Thomas Jefferson An Authentic Enemy of Slavery?*, pp. 14-17.

40) 제퍼슨이 콜즈에게 쓴 편지, 1814.8.14., A. Koch & W. Peden ed., *The Life and Selected Writings of Thomas Jefferson*, New York, 1944, pp. 641-642.

한편, 콜즈는 제퍼슨의 만류에도 불구하고 마침내 노예들을 데리고 일리노이로 가서 그곳에서 자신의 노예해방안을 실천에 옮겼다. 후에 그는 일리노이 주지사가 되어 노예제가 일리노이로 확산되는 것을 막는 데 주된 역할을 했다.41)

혁명기 이후, 제퍼슨의 노예제에 관한 태도는 이처럼 한마디로 침묵과 무위(無爲)로 규정될 수 있다.42) 이러한 제퍼슨의 침묵과 무위는 마침내 1820년의 미주리 위기 때 깨어졌다. 앞에서 살펴보았듯이, 제퍼슨은 혁명기에 자신이 고수했던 노예제의 지역적 제한이라는 원칙을 헌 신짝처럼 버리고, 노예제가 미주리로 확대되는 것을 옹호하고 나섰던 것이다.

41) A. Koch, *Madison's "Advice to My Country"*, pp. 144-151.

42) John C. Miller, *The Wolf by the Ears: Thomas Jefferson and Slavery*, New York, 1977, p. 123.

이처럼 제퍼슨의 일관성 없는 행태로 말미암아 노예제 문제와 관련하여 그에 대한 평가는 그가 죽은 후, 매우 구구하였다. 노예제 옹호론자들은 제퍼슨이 흑인이 열등하다고 주장했다는 것, 미주리타협에 반대했다는 것, 자신이 소유한 노예들을 해방시키지 않았다는 것 등을 들어 그를 노예제 옹호론자의 대열에 끼워 넣으려 했다. 한편 노예제 폐지론자들은 인간의 자유에 대한 제퍼슨의 끊임없는 찬미를 들어 그가 확고한 노예제 반대론자라고 주장하는 한편, 그가 기초한 「독립선언서」를 노예제 폐지운동의 헌장으로 삼았다.[43]

43) 제퍼슨에 대한 다양한 평가에 관해서는 Merrill D. Peterson, *Thomas Jefferson and the New Nation*, New York, 1970, pp. 164~181 참조.

남북전쟁을 거치면서 노예제 반대론자로서의 제퍼슨의 이미지는 더욱 확고해졌다. 그러나 1960년대에 들어와 신좌파(New Left) 역사가들이 대거 등장하면서 제퍼슨이 노예제 반대론자라는 전통적 해석을 비판하고, 그를 노예제 폐지론자로는 볼 수 없다고 주장하기 시작했다. 수정주의 해석이 등장한 것이다. 이 수정주의 해석도 몇 가지 갈래로 나누어 볼 수 있는데, 요약하면 크게 세 가지로 구분된다. 가장 극단적인 해석은 제퍼슨이 아예 반노예제 사상을 지니지 않았다는 주장이다. 두 번째는 제퍼슨이 반노예제 사상을 지니고는 있었으나, 인종편견 등으로 인해 그 사상을 제대로 행동으로 옮기지 못했다는 주장이다. 세 번째 해석은 제퍼슨이 반노예제 사상을 지니고는 있었으나, 남부의 농장주 계층의 이해관계를 대변함으

로써 오히려 노예제를 조장하는 결과를 가져왔다는 주장이다.44)

> 44) 신좌파의 수정주의 해석에 대해서는 졸고(拙稿), 「Thomas Jefferson과 노예제」, 131-142쪽 참조.

1970년대 이후에는 제퍼슨을 비롯한 건국의 아버지들이 노예제의 비도덕성과 파괴력을 확신하고, 노예제를 궤멸시키기 시작했다는 전통적 해석이 다시금 힘을 받기 시작했다. 전통적 해석을 긍정하는 학자들은 제퍼슨의 민주주의적 이상과 반노예제 신념이 후세의 반노예제 운동에 미친 영향을 강조했다.

하지만 그 어떤 역사가들의 해석보다도 제퍼슨의 평판을 좌지우지한 것은 '헤밍스 스캔들'이었다. '헤밍스 스캔들'은 처음 제기된 이후로 약 200년 가까이 제퍼슨의 평판을 끈질기게 따라다녔다. 그 스캔들의 내용은 제퍼슨과 그의 여자노예인 샐리 헤밍스가 파리에 함께 있을 때부터 관계를 가지기 시작했다는 것이다. 제퍼슨의 농장일지에 따르면 헤밍스는 5명의 아이를 출산했는데, 그녀가 스물두 살이던 1795년에 첫 아이를 낳았고 마지막 아이인 이스턴(Eston) 헤밍스는 1808년에 낳았다. 제퍼슨이 죽은 지 반세기가 지난 후인 1873년에 오하이오의 한 신문이 샐리 헤밍스의 아들 매디슨(Madison) 헤밍스의 전기를 출판했다. 매디슨 헤밍스는 자신의 어머니가 그녀가 낳은 아이들의 아버지로 제퍼슨을 지목했다고 주장했다. 하지만 그의 주장은 생전에는 인정을 받지 못했다. '헤밍스 스캔들'을 둘러싼 논란과 공방은 그 뒤로도 100년 이상 지속되었다. 학자들은 단편적인 증거만을 가지고 그 스캔들이 사실인지 아니면 중상(中傷)인지를 밝히려고 노력해왔다. 혹자는 그 스캔들이 제퍼슨에 대한 모독이라고 분개했고, 혹자는 샐리 헤밍스의 아이들의 백인 아버지는 아마도 제퍼슨의 조카들일 것이라고 주장하기도 했다.[45]

45) Appleby, p. 74.

1998년에 마침내 유전자검사가 이루어졌다. 놀랍게도 제퍼슨 집안의 남성이 샐리 헤밍스의 막내아들 이스턴 헤밍스의 아버지라는 DNA검사 결과가 나왔다. 그 결과 샐리 헤밍스의 후손들은 제퍼슨 집안의 유전자를 가진 것으로 판명되어 제퍼슨 집안의 자손으로 인정받았고, 제퍼슨에 대한 미국인들의 평가는 추락했다. 제퍼슨이 노예를 임신시켜서 자신의 혈육을 노예로 길렀다는 오래된 혐의로부터 제퍼슨을 보호하는 것이 이제 더 이상 가능하지 않았기 때문이다.[46]

46) Appleby, p. 140.

헤밍스와 제퍼슨의 관계가 내연관계였는지, 아니면 백인남성이 지닌 권력을 잔혹하게 행사한 것인지는 기록만 가지고는 알 수가 없다. 어쨌든 놀랍게도 캘린더의 주장이 사실이라는 게 입증되자 역사가들은 이제 제퍼슨이 샐리 헤밍스가 낳은 모든 아이의 아버지라고 믿기 시작했다. 그리고 이 믿음은 다음과 같은 사실로 더욱 확실해졌다. 제퍼슨이 기록한 농장일지를 보면 다른 노예가 낳은 아이들에 관한 기록에는 모두 아버지의 이름이 적혀있는데, 단지 샐리 헤밍스가 낳은 아이들의 기록에만 아버지의 이름을 적어 넣지 않았다는 것이다.

학자들 가운데 일부는 DNA검사로 제퍼슨이 이스턴 헤밍스의 아버지라는 것이 밝혀졌다는 데에 대해서 반기를 들었다. DNA검사를 통해서 부계를 판단하는 것은 아버지에서 아들로 이어지는 가계가 아들에서 아들로 계속해서 이어질 때에만 가능한데, 제퍼슨은 아들이 없었기 때문에 연구자들은 제퍼슨의 남자형제의 후손 가운데 살아있는 사람의 조직을 이용했다는 것이 그 이유였다.

또 하나 놀라운 것은 제퍼슨의 아내와 샐리 헤밍스의 관계다. 제퍼슨이 헤밍스 가(家)의 노예들을 얻은 것은 그의 장인으로부터였는데, 그의 장인은 베티 헤밍스와 오랫동안 관계를 가졌다고 생각된다. 이것은 베티의 딸인 샐리 헤밍스가 제퍼슨의 아내 마사 제퍼슨의 이복동생이라는 얘기이다.

어찌되었든 샐리 헤밍스를 비롯해서 그녀의 형제자매들, 그리고 그녀가 낳은 자식들은 제퍼슨이 죽을 때에 해방시킨 유일한 노예들이었다. 제퍼슨은 또한 의회에 그들이 계속해서 버지니아에 살 수 있게 해달라고 청원을 하기도 했는데, 그가 이러한 청원을 한 것은 해방된 모든 노예는 1년 이내에 그 주를 떠나야만 한다는 버지니아의 법 때문이었다.

노예와 강제된 성적 관계를 갖는 것은 미국의 남부 전역에서 흔한 일이었지만 제퍼슨의 치정관계는 특별히 문제가 많다. 왜냐하면 그가 미국 「독립선언서」에서 자연권을 찬양한 사람이기 때문이다. 제퍼슨은 인간의 평등이라는 자연권을 부르짖으면서도 백인과 흑인이 자유로운 상태에서 함께 살 수 없으며 함께 살아서도 안 된다는 흔들리지 않는 신념을 가지고 있었다. 제퍼슨은 그의 생애 내내, 두 인종이 자유롭게 함께 사는 것은 불가능하다고 주장했다. 그의 저서인 『버지니아 논고』에서 그는 그 이유를 분명하게 적고 있다. 요약하자면 그렇게 될 경우, 어느 한 인종이 모두 죽임을 당하게 된다는 것이다. 이것으로 제퍼슨의 '자유의 제국'의 개념이 단지 백인만을 대상으로 한 것이라는 사실이 명백해졌다.[47]

47) Appleby, pp. 74~76.

말년의 경제적 어려움

제퍼슨은 말년에 경제적 어려움에 시달렸다. 그의 재정 형편은 한마디로 좋지 못했다. 수백 에이커의 토지를 소유하고 수백 명의 노예를 소유하는 등, 상당한 부를 지니고 있었음에도 불구하고 제퍼슨의 수입은 날이 갈수록 줄어들었다. 제퍼슨이 몬티셀로를 비워둔 동안 그의 농장은 그다지 번영하지 못했고, 그는 미국혁명기에 생긴 빚을 갚느라고 여전히 애를 쓰고 있었다.

제퍼슨의 재정 상태는 1807년부터 1809년까지 계속된 출항금지법으로 더 악화되었다. 정치가로서의 제퍼슨의 가장 독창적이고 대담한 조치이면서 동시에 가장 큰 실질적 실패인 출항금지법으로 말미암아 제퍼슨은 다른 많은 버지니아 농장주들과 마찬가지로 재정적인 곤경에 처했던 것이다.

1812년의 미영전쟁으로 의회도서관이 불타자 제퍼슨은 자신이 수집한 책을 국가에 헌납하고 싶다는 뜻을 의회에 전달했다. 의회가 제퍼슨의 요청을 받아들여, 1815년에 제퍼슨은 자신이 소장하던 도서의 상당부분을 싼값에 미국정부에 팔았다.[48] 그로 인해 몇 년 동안 그의 재정적 부담은 완화되었다. 이때에 제퍼슨에게서 사들인 도서가 오늘날 미국 의회도서관의 모체가 되었던 것이다.

48) 의회가 매수한 제퍼슨의 책이 약 10,000권이라는 주장이 있는가 하면 총 6,487권이라는 주장도 있다.

1819년의 경제위기 때 제퍼슨은 미국의 대부분의 채무자들이 그러했듯이, 파산 직전까지 몰렸다. 몬티셀로에 찾아와서 상당 기간을 머무르곤 하는 친구와 친지들을 환대하는 데 드는 많은 비용이 오랫동안 제퍼슨의 자산을 축냈기 때문이다. 게다가 결정적인 것은 제퍼슨의 친구인 윌슨 니콜라스(Wilson C. Nicholas)가 제퍼슨이 보증을 섰던 2만 달러를 감당하지 못했기 때문이다.[49]

49) Appleby, p. 152.

은행 빚에 몰린 제퍼슨은 상속, 결혼, 매입 등을 통해 획득한 약 1만 에이커의 토지를 팔려고 내놓았으나 매수자를 찾지 못했다. 그는 생의 마지막 해에, 당시에 흔한 방법이던 추첨을 통해서 그의 재산을 처분해도 좋다는 의회의 허가를 얻었다. 몬티셀로가 제퍼슨이 아닌 다른 사람의 손에 넘어갈지도 모른다는 소식을 접한 대중들은 자발적으로 16,500달러의 기부금을 거두었고, 추첨은 취소되었다.[50]

50) *EAR*, p. 558.

제퍼슨은 죽기 바로 몇 달 전까지 자신이 좋아하는 프로젝트에 계속해서 몰두했다. 그런데 그 프로젝트는 버지니아 대학의 식물원을 설계하는 것이었다. 죽기 직전에 제퍼슨은 노예제 문제로 인해 미국 정치가 온통 들끓고 있는 현실을 보면서 미국의 장래에 대해서 우려했다. 또한 은행 빚에 시달렸고, 나이가 들어서 몸이 약해진데다 건강이 좋지 않아서 힘들었다. 그는 은행 빚을 갚기 위해서 토지를 저당 잡히고 노예들을 팔아넘겼다. 그런데 이들 노예들은 평생 동안 제퍼슨에게 봉사했던 사람들이었다. 제퍼슨이 그렇게까지 했음에도 불구하고 몬티셀로는 그의 후손들의 소유로 오랫동안 남아있지 못했고, 결국은 다른 사람의 손으로 넘어가고 말았다. 하지만 다행히도 제퍼슨은 몬티셀로가 곧 남의 손에 넘어가리라는 것을 알지 못하고, 죽을 때까지 빚을 갚을 수 있을 것이라고 믿었다.[51]

51) ZAR, p. 559 ; Appleby, p. 156.

1826년 7월 4일 정오쯤, 제퍼슨은 몬티셀로에서 죽음을 맞이했다. 그런데 마침 이날은 미국 독립선언 50주년이 되는 날이었다. 「독립선언서」를 기초한 인물다운 죽음이었다고나 할까? 같은 날, 몇 시간 뒤에 제2대 대통령이었던 존 애덤스도 죽었다. 애덤스는 죽을 때 "토머스 제퍼슨은 아직 살아있는데……"라고 말했다고 알려져 있다. 사실은 몇 시간 전에 제퍼슨이 죽었지만 애덤스는 아직 그가 죽었다는 사실을 몰랐던 것이다.

이렇게 해서 미국의 제2대 대통령을 지낸 애덤스와 제3대 대통령을 지낸 제퍼슨은 둘 다 미국 독립선언 50주년 기념일에 죽었다. 오랜 정치적 역정을 거치면서 그들은 한때는 동료이기도 했고, 대통령과 부통령으로 함께 미국을 통치하기도 했으며, 정적이 되어 서로 외면하거나 으르렁거리기도 했다. 그리고 그 과정에서, 전혀 서신 왕래를 하지 않은 적도 물론 있었지만, 그들은 수없이 많은 편지를 주고받았다.

애덤스와 제퍼슨이 주고받은 편지는 정치, 철학, 문학 등의 분야를 자유롭게 넘나드는 것으로 유명한데, 그 편지에는 그들이 정적이 된 이유, 그리고 관직을 둘러싼 경쟁자가 된 이유가 담겨있다.52) 제퍼슨은 애덤스와 주고받은 편지에서 1800년의 대통령 선거를 회상하면서 자신의 당과 애덤스의 당을 각각 '개혁의 주창자'와 '개혁의 적'으로 표현하고 있다. 제도의 개혁을 주창했던 사람들은 과학의 진보와 더불어 그러한 진보에는 어떠한 명확한 한계도 있어서는 안 된다고 주장했다는 것이다. 제퍼슨은 또한 연방파가 경제력 및 정치력을 강제적으로 사용했던 것과는 달리, 자신의 당은 '인민이 자신의 최선의 이해관계에 따라서 행동할 수 있는 능력을 지녔다'는 믿음을 가지고 있었다고 주장했다. 제퍼슨이 그때까지도 여전히 자신과 애덤스의 차이점이 무엇인지를 규정하려고 애쓰고 있었음을 알 수 있는 대목이다.53) 어찌되었든 평생 라이벌이었던 두 거물은 같은 날 스러졌다.

제퍼슨이 스스로 쓴 묘비명에는 "독립선언서 및 버지니아 종교자유법의 저자이자 버지니아 대학교의 아버지 토머스 제퍼슨 여기 잠들다"라고 되어있다. 제퍼슨은 단지 이 세 가지 것만이 기억되기를 원했다. 대통령이었다는 사실을 제외시킨 것은, 그것이 자신이 한 일 중 가장 쓸데없는 일이라고 생각하였기 때문이었다.

---

52) Appleby, p. 154. 그들이 주고받은 편지는 단행본으로 출간되었는데, 600쪽이 넘는 방대한 분량이다. Lester F. Cappon ed., *The Adams-Jefferson Letters*, Chapel Hill and London: University of North Carolina Press, 1959.

53) Appleby, p. 155.

연보

1743년   4월 13일, 버지니아의 알버말 군(Albemarle County)에서 피터 제퍼슨(Peter Jefferson)과 제인 랜돌프(Jane Randolph) 부부의 여덟 명의 아이 중 셋째로, 아들로는 맏이로 태어났다.

1752년   스코틀랜드 출신 목사인 윌리엄 더글러스(William Douglas)가 운영하던 학교에 입학해서 라틴어, 그리스어 및 프랑스어를 공부했다.

1757년   아버지 피터 제퍼슨이 사망했다. 그는 아버지로부터 약 5천 에이커의 토지와 수십 명의 노예를 상속 받았다.

1758년   목사인 제임스 모리(James Maury)의 집에서 하숙하며 고전교육을 받았다.

1760년   3월, 윌리엄 앤드 메리 대학(College of William and Mary)에 입학해서 수학했다. 주로 수학교수인 윌리엄 스몰(William Small)교수로부터 지적인 자극을 받았다.

1762년   윌리엄 앤드 메리 대학을 수석으로 졸업했다.

	대학 졸업 후 5년간 저명한 법학 선생인 조지 위드(George Wythe) 아래서 법학을 수학했다.
1767년	변호사가 되어 버지니아 법정에서 변호사로서 처음으로 변론을 했다.
1769년	5월, 식민지 버지니아의 의회(House of Burgesses) 의원으로 선출되면서 정계에 입문했다. 버지니아 의회에서 선배 의원인 리처드 블랜드(Richard Bland)와 더불어 노예해방의 허용을 위한 노력을 했으나 부결되었다.
1770년	고향집이 불에 타자 근처에 새로운 건물을 짓고 이를 몬티셀로(Monticello)라고 이름 붙였다.
1772년	1월 1일, 스물네 살의 과부 마사 웨일스(Martha Wayles)와 결혼했다.
1774년	영국 의회가 통과시킨 탄압법에 대한 대책을 글로 썼는데, 나중에 이 글은 「영국령 아메리카의 권리에 관한 소고(A Summary View of the Rights of British America)」라는 제목의 팸플릿으로 출간되었다.
1775년	9월에 버지니아 방위위원회(Committee of Safety)에 의해 버지니아 알버말(Albemarle)의 민병대 지휘관으로 임명되었다.

1776년	대륙회의에서 존 애덤스(John Adams), 벤저민 프랭클린(Benjamin Franklin), 로저 셔먼(Roger Sherman), 로버트 리빙스턴(Robert Livingston)과 함께 「독립선언서」를 기초했다. 버지니아로 돌아가 10월부터 버지니아의 하원의원으로서 법률 개정 작업에 참여했다. 이후 2년간 장자상속제 폐지법, 버지니아 종교자유법 등 무수히 많은 법률을 제정 또는 개정했다.
1779년	6월 1일, 전임 지사인 패트릭 헨리(Patrick Henry)의 뒤를 이어 버지니아 제2대 지사로 취임했다.
1780년	6월, 버지니아 지사로 재선되었다.
1781년	버지니아는 두 차례니 영국군의 침략을 받았다. 영국군의 두 번째 침입 시, 지사인 제퍼슨은 가까스로 도망쳐서 영국군에게 생포될 위기를 면했다. 영국군에게서 도망치다 낙마로 부상한 제퍼슨은 쉬는 동안 버지니아에 관한 비망록을 집필했다. 이것이 나중에 책으로 출판된 것이 『버지니아 논고(Notes on the State of Virginia)』이다.
1782년	9월, 아내 마사가 거듭된 임신으로 인해 쇠약해진 몸을 추스르지 못하고 사망했다. 제퍼슨

	은 아내와의 사이에 6명의 자녀를 두었는데, 이 가운데 장성한 자녀는 딸 마사(Martha)와 메리(Mary) 둘뿐이다.
1783년	6월, 연합회의에 버지니아 대표로 선출되어 참가했다. 이후 '1784년의 공유지법(Ordinance of 1784)'을 포함한 30여 편의 법안을 기초했다.
1785년	벤저민 프랭클린의 후임으로 프랑스 공사에 임명되었다. 동료들과 함께 프로이센과 통상조약을 체결했다.
1787년	제헌회의에서 기초된 헌법안을 프랑스에서 받아본 제퍼슨은 헌법에 권리장전이 없다는 것을 못마땅하게 여기고 매디슨에게 권리장전의 필요성을 설득함으로써 이후 초대 연방의회에서 권리장전이 제정되도록 하는 데 기여했다.
1788년	프랑스와 미국 최초의 영사조약(consular convention)을 체결했다.
1789년	프랑스에 체재 중, 프랑스 대혁명의 발발을 목도했다. 제퍼슨은 혁명군 편에 서서 혁명을 열렬히 지지했다.
	10월, 두 딸을 고향 버지니아로 데려다주고, 개인적 업무를 해결할 목적으로 휴가를 내고

귀국했다.

1790년　3월 22일, 초대 대통령 워싱턴 행정부의 국무장관으로 취임했다.

알렉산더 해밀턴(Alexander Hamilton)의 재정정책, 특히 전쟁 부채를 처리하는 문제를 두고 해밀턴과 오랫동안 논쟁을 벌였다. 이는 버지니아가 부채인수 법안에 표를 던지는 대가로 수도를 남부에 건설하는 데 북부가 협력하기로 제퍼슨이 해밀턴과 합의함으로써 해결되었다.

1791년　중앙은행을 창설하기 위해 해밀턴이 제안한 미국 은행 법안에 대해 협의(狹義)의 헌법해석을 주장하면서 반대했으나, 1791년에 미국 은행이 설립되었다.

1792년　해밀턴의 재정 법안들을 지원하는 연방파에 맞서서, 제퍼슨이 이끄는 반대파는 공화파의 기치 아래 연합하기 시작했다.

1793년　12월 31일, 국무장관을 사임하고 고향 몬티셀로로 돌아갔다.

1794년　11월, 영국과 '제이 조약'을 체결하는 등 워싱턴이 중립정책을 관철해가자 이를 둘러싸고 국론이 분열되면서 공화파와 연방파의 대립은

	더욱 격렬해졌다.
1796년	대통령선거에서 대통령으로 당선된 존 애덤스와 반대당 소속임에도 불구하고 차점자로 부통령에 당선되었다.
1798년	애덤스 행정부의 '외국인법과 선동방지법' 제정에 맞서 1798년과 1799년에 연이어 '켄터키 결의안'을 익명으로 작성했다.
1801년	1800년의 대통령선거에서 제퍼슨과 애런 버(Aaron Burr)가 같은 수의 표를 얻자 대통령 선출은 하원에서 이루어지게 되었다. 1801년 2월 17일, 하원은 오랜 교착상태 끝에 제36차 투표에서 제퍼슨을 대통령으로, 버를 부통령으로 선출했다.
	3월 4일, 제퍼슨은 제3대 대통령에 취임했다. 북아프리카의 바르바리 제국이 해적으로부터 보호해준다는 구실로 미국에 과다한 뇌물을 요구하자 그 지역으로 소함대를 파견함으로써 '바르바리 전쟁'이 시작되었다.
1802년	공화파를 규합해서 의회에서 '1801년의 법원조직법'을 단 한 표차로 간신히 폐기시켰다.
	제퍼슨과 그의 여자 노예인 샐리 헤밍스(Sally

	Hemings)와의 사이에서 태어난 사생아 의혹이 제기되었다.
1803년	프랑스로부터 루이지애나를 1,500만 달러에 매입했다. 새로운 영토인 루이지애나를 탐사하기 위해 루이스와 클라크 탐험대를 파견했다.
1804년	마버리 대 매디슨(Marbury v. Madison) 사건 판결에 격분하여, 공화파와 함께 판사 존 피커링(John Pickering)과 새뮤얼 체이스(Samuel Chase)에 대한 탄핵을 시도했다.
	대통령 선거에서 압도적인 승리를 거두고 재선되었다.
1805년	6월에 바르바리 제국의 하나인 트리폴리와 평화조약을 맺어, 4년 넘게 끌던 '바르바리 전쟁'을 끝맺었다.
1806년	부통령을 지낸 애런 버를 반역혐의로 체포했으나, 1807년에 연방 대법원은 버에게 무죄 판결을 내렸다.
	12월, 의회에 최대한 빨리 노예무역을 금지시키는 법안을 제정하도록 촉구했으며 그 결과 1808년 1월에 노예무역이 불법화되었다.
1807년	나폴레옹 전쟁으로 미국의 중립권이 위협을

	받자 출항금지법(Embargo)으로 미국 선박의 출항 자체를 금지시켰다.
1809년	3월 1일, 의회는 일련의 출항금지법을 폐기했다.
	3월 3일로 대통령 임기를 마치고 고향집 몬티셀로로 돌아갔다.
1816년	매디슨 행정부가 제2의 미국은행 설립 허가를 내주려고 하자 강력히 반대했다.
1819년	버지니아 대학교 설립허가를 얻어낸 뒤, 그 대학교를 건축하고 커리큘럼을 짜는 데 중심적인 역할을 했다.
1820년	'미주리 타협'을 계기로 노예제에 대한 오랜 침묵을 깨고 남부를 지지하고 나섰을 뿐 아니라 노예제가 미주리로 확대되는 것을 옹호했다.
1826년	미국 독립선언 50주년 기념일인 7월 4일, 몬티셀로에서 사망했다.

미국 대통령 시리즈 발간에 붙여

한국미국사학회는 국내 미국사 연구의 발전을 도모하기 위해 1989년 뜻을 같이 하는 미국사 연구자들이 모여 창립되었다. 이후 오늘에 이르기까지 한국미국사학회는 미국사 연구자들의 연구 성과를 국내외 학계 및 일반 대중에게 알리기 위해 전국학술대회 개최, 공식 학회지로서 『미국사연구』의 연2회 발간, 해외학술대회 참석 등의 활동을 활발히 전개해왔다.

그런 가운데 대부분 대학에서 미국사를 연구하고 강의에 매진하는 학회 회원들은 개별적으로 수많은 논문과 저서 및 번역서를 출간해 창립 20주년이 막 지난 이즈음에는 각종 학회지에 발표한 수준 높은 논문이 수백 편이 넘고 저서와 번역서도 백여 권에 달하는 성과를 거두기도 했다. 하지만 학회 차원에서 이보형 초대 회장의 주관으로 회원들의 공동 작업을 통해 편찬한 책으로는 1992년 『미국 역사의 기본 사료』(소나무)라는 제목으로 출간되었다가, 2006년 이 책의 증보판으로 『사료로 읽는 미국사』(궁리)가 유일했다고 할 수 있다. 이 점에 대해 학회 일을 오랫동안 해오고 관심을 기울여온 회원의 한 사람으로서 늘 아쉬움을 느껴오던 차였다.

그러던 중 본 학회에서는 2010년이 되면서 학회 창립 20주년이 지나고 미국 대통령 에이브러햄 링컨 탄생 200주년을 맞이하여 무언가 뜻 깊은 일을 하자고 결의하기에 이르렀다. 이에 따라 본 학회의 전임 권오신 회장과 임원진이 학회 회원 여러분의 의견을 모아 미국 대통령 시리즈를 발간하기로 결정을 보았다. 이런 보람 있는 사업을 위해 본 학회는 회원들이 합심해 물심양면의 지원을 하기로 하고 시리즈의 기획·편집·책임을 미국 대통령에 관해 여러 권의 저서를 출간한 바 있는 건양대의 김형곤 교수가 맡기로 했다. 이에 학회에서는 시리즈의 대상이 될 대통령의 선정 작업, 집필자의 신청 접수 및 선정 작업, 제작비용 등을 지원하며 발간이 계획된 대로 순조롭게 이루어지기를 도왔다.

이러한 과정을 거쳐 이제 한국미국사학회는 학회 회원 여러분의 노고와 염원에 힘입어 국내 서양사 관련 학회 중 최초로 총 10권에 달하는 시리즈 저작으로서 미국 대통령 시리즈를 탄생시킬 수 있었다. 이에 우선 이 일을 기획하고 추진하는 데 수고해주신 전임 권오신 회장과 임원진에게 감사드린다. 또한 임원으로서 본 시리즈의 기획·편집 일을 도맡아 해준 김형곤 교수에게도 노고를 치하드린다. 그리고 무엇보다도 시리즈의 집필을 기꺼이 맡아주시고 훌륭한 책으로 완성해주신 열 분의 집필자께도 대단히 고맙다는 말씀을 드린다. 이와 더불어 어려운 출판계의 사정에도 불구하고 모험에 가까운 시리즈의 출간을 맡아준 도서출판 선인에게도 감사한 마음을 전한다. 마지막으로 이 미국 대통령 시리즈가 국내 독자들에게 잘 알려지지 않은 미국 대통령의 진면목을 알기 쉽게 전달해 미국 역사에 대한 대중의 관심을 크게 불러일으켜 미국사 전반에 대한 대중적 독서 시장이 확대되는 계기가 될 수 있기를 기대해 본다.

한국미국사학회 회장

손 세 호

저자 | 정경희

    서울대학교 역사교육과 졸업(학사)

    서울대학교 대학원 서양사학과 졸업(석사·박사)

    서울대, 서강대, 성균관대, 한국외대 등 강사

    미국 University of California at Berkeley 객원교수

    탐라대학교 교수

    (현재) 연세대학교 국제캠퍼스 학사지도교수

    [주요 저서 및 논문]『中道의 정치: 미국 헌법 제정사』,『미국을 만든 사상들』,「미국 대통령 선출제도의 형성: 선거인단제도의 기원」,「제임스 매디슨과 권리장전의 제정」,「미국 역사표준서 논쟁 연구」,「역사교육을 둘러싼 한국과 미국의 이념논쟁 비교」,「다문화주의 논쟁: 담론과 구도」외 다수.